영어의
아이들

조지은
안혜정
최나야

영어의 아이들

언어학자의
아동 영어 교육
30문답

사이언스 SCIENCE BOOKS 북스

들어가며

우리나라에서 자라는 아이들에게 영어란 무엇일까? 이 아이들의 부모들에게 영어란 무엇일까? 영어는 우리가 쓸 수 있는 요긴한 언어 중 하나다. 그런데 언제부터인가 이 영어가 모든 아이의 삶과 말을 소유하기 시작했다. 아이들이 영어를 소유하는 게 아니라, 영어가 아이들을 소유하게 되었다. 정말로 비정상적인 상황이다. 교육열이 높은 일본이나 싱가포르 같은 아시아 다른 지역에서도 영어 열풍이 있지만, 대한민국처럼 심할까? 많은 사람들이 '영유(영어유치원, 영어학원 유치부)'가 필요한 것인지, 어떤 영어 교육이 필요한 것인지, 영어가 아이의 미래에 어떤 의미가 있는지, 영어가 왜 필요한지 생각하기에 앞서 가장 좋은 영어유치원을 찾으려 노력한다. 『영어의 아이들』은 영어 점수를 갑자기 잘 받는 방법에 관한 책이 아니다. 아이들은 지금 당장 점수를 올리는 대신 10년, 20년 미래를 생각하며 영어를 만나야 한다. 즐겁게, 자유롭게, 부담 없이 말이다.

어릴 때 배운다고 모든 것이 마술처럼 쉬운 것이 아니다. 아주 어릴 때부터 영어 공부를 시작했다고 해도, 영어가 부담스러운 언어로 다가가면 영어를 하나도 모르는 상태일 때보다 결코 낫지 않다. 영어를 공부하기 전에, 영어를 즐겁게 만나는 것이 얼마나 중요한지 이야기하고 싶었다. 『영어의 아이들』을 쓴 우리는 모두 아이를 키우는 엄마이고, 이중 언어학 학자들이다. 영어 공부 관련 서적이 이미 여럿 나와 있지만 엄마의 관점에서, 학자의 관점에서 아이들의 영어 노출과 학습 방향에 대해 쓰기로 마음을 모았다. 이 책에는 우리가 문헌 자료뿐 아니라, 우리 자신의 삶과 우리 아이들을 통해 경험한 영어 에피소드들이 가득하다. 이 책이 엄마, 아빠, 그리고 아이들에게 영어와의 즐거운 만남을 주선해 주었으면 하는 바람이다.

조지은, 안혜정, 최나야

우리 아이 영어 교육,
어떻게 할까?

아이들이 말을 배우는 과정은 참으로 경이롭다. 아이들은 자신과 가장 가깝고 소중한 사람과의 소통 속에서 자연스럽게 말을 배운다. 급속도로 세계화가 이뤄지고 있고, 특히 영어가 21세기 세계의 공용어로 자리 잡는 지금 우리 아이들만이 아니라 세계의 아이들은 자신들의 모국어뿐 아니라 영어라는 새로운 언어를 어릴 적부터 접하며 소통의 폭을 넓히고 있다.

부모님들 대부분이 아이들의 영어 교육을 과연 어떻게 해야 하는지에 대해서 많은 고민을 한다. 비싼 영어유치원이 영어 교육의 질을 담보해 주지는 못한다. 어리면 어릴수록 외국어 교육에 이롭다고 생각하지만, 모국어가 안정적으로 발달하지 않은 상황에서 여러 가지 외국어에 노출을 시키면 오히려 언어 발달뿐 아니라 사회, 인지 발달에도 돌이킬 수 없는 큰 부작용을 가져온다. 한때 몰입식 교육이 큰 인기를 누렸지만, 아이들에게 영어만을 쓰게 하고 그렇지 않으면 체벌까지 하는 극단적인 경우, 지울 수 없는 마음의 상처에 더해 영어에 대한 공포심과 두려움까지 갖게 하는 사례가 비일비재하다.

영국에서 20년 가까이 지내며 언어학을 공부하고 가르치는 사이, 영어와 한국어 두 언어를 날마다 사용하는 두 아이의 엄마가 되고 난 후 한국에서의 영어 교육에 대한 이야기들을 들으며 답답해지고는 했다. 국가적으로 영어 교육에 어느 나라에 뒤지지 않게 많은 투자를 하고 있지만, 과연 우리의 영어 교육은 올바른 방향으로 나아가고 있는 것일까? 한국에 사는 지인들과 이야기를 하다 보면, 영어유치원에 대해 문제를 많이 느끼기는 하지만 정작 보내지 않을 수는 없다는 게 대부분의 의견이다. 대개는 영어유치원이 교육적으로 어떤 유익한 커리큘럼을 시행하는지 살펴볼 여력이 없다. 유치원 교육비로 교육의 질을 과대 평가하고 있는지도 모를 일이다.

지금까지 이중 언어 교육의 수많은 연구 결과들이 아이들이 즐겁게 외국어를 접하면, 교육 효과 면에서는 물론 정서 발달과 사회성 발달 면에서도 매우 긍정적인 역할을 한다는 것을 보여 주고 있다. 비싼 영어유치원에 보내는 것이 중요한 것이 아니라, 아이들이 영어라는 새로운 언어를 재미있는 언어로 인식하고 말하고 듣는 것으로부터 즐거움을 느끼는 게 영어 교육의 핵심이라고 생각한다. 이 과정에서 한국어를 배척하는 것이 아니라, 한국어와 영어를 조화롭게 쓰는 것을 배워나가는 것이 중요하다는 것이 핵심이다.

이 책은 영어 교육에 관심이 많은 사람을 위해서 쓴 책이다. 동시에 현재 언어 교육에서 중요하게 다뤄지는 쟁점들이 우리 아이들의 영어 교육에 어떻게 적용될 수 있는지에 대한 대안을 제시해 보려고 한다. 모든 문제에 답이 정해 있지는 않다. 다만 모든 친구들이 영어유치원을 가기 때문에 우리 아이가 영어유치원을 가야 한다는 논리는 수긍하기 어렵다. 『영어의 아이들』속 고민들을 통해 각자에게 맞는 건강한 공부 방법들을 찾아갈 수 있기를 바란다.

조지은(영국 옥스퍼드 대학교 동아시아학부 교수)

영어는 언어란 도구이다

나는 한국에서 영어를 배웠고 호주에서 영어를 가르쳤다. 호주의 대학에 진학하기 위해 영어를 배우러 오는 유학생들에게 영어를 가르쳤고, 원어민인 호주의 초등학생들에게도 초등학교 선생님으로서 영어를 가르쳐 보았다. 비원어민인 내가 원어민인 호주인 대신 호주에서 영어를 가르치는 것은 한국에서라면 상상도 할 수 없는 일이 아닌가 싶다. 예를 들어 베트남에서 온 사람이 내 아이의 초등학교 선생님이고, 내 아이가 한국어를 베트남 사람에게 배운다면 기뻐할 학부형이 얼마나 있을까? 한국어와 달리, 영어는 국제 언어라는 신분을 가지고 있기 때문에 가능했던 일일 것이다.

영어로 먹고 사는 영어학자이자 선생으로서 현재는 싱가포르에 소재한 대학의 대학생들에게 영어 논문 쓰기를 가르치고 있다. 학교를 다닐 때 영어를 썩 잘하지 못했는데, 영어란 수학처럼 시험을 위한 과목으로만 존재했다. 내가 중고등학생이었던 1990년대만 하더라도 외국인을 길거리에서 볼 기회도 적었고, 영어를 교실 밖에서 쓸 경우도 매우 드물었다. 인터넷도 발달하지 않아서 정말로 영어는 교실에서 존재하는 교과목이었다.

중학생 때 우연히 아프리카 케냐 아이와 펜팔을 하게 되었다. 그때 나는 영어를 너무 못했기 때문에 외국인과 영어로 펜팔을 하는 것은 꿈도 꿀 수 없는 일이었다. 펜팔의 편지는 익숙하지 않은 필기체로 적혀 있었다. 가족 중에도 영어를 잘하는 사람이 없었기 때문에 혼자 힘으로 여러 번 답장을 쓰려고 시도했지만, 내 영어 실력으로는 그냥 나의 이름과 함께 연필 몇 자루를 선물하는 답장이 전부였다. 그 후 또 답장을 받았다. 이번에도 역시 필기체로 적혀 있었다. 편지에 적힌 내용이 너무나도 궁금했지만 중학교 영어 선생님께는 물어볼 용기조차 나지 않았다. 내가 영어를 잘 못해서 그랬는지, 영어 선생님과도 가깝지 않았고 왠지 불안감이 있었다. 케냐에서 받은 두 통의 편지는 내가 학교 또는 학원 밖에서 영어를 처음으로 써 본 경험이었다.

물론 이런 영어에 대한 흥미는 고등학교 영어 성적에는 반영이 되지 않았다. 그저 원어민과 영어로 대화를 하고 싶었고, 영어 교재에 나와 있는 원어민처럼 멋있어 보이는 사람이 되고 싶었다. 머릿속에서 대화를 만들기 위해 기본 영작을 하기 시작했지만, 내 영어 실력은 수능 시험을 잘 보기에는 턱없이 부족했다. 하지만 회화 학원에서는 월반으로 원어민 반에 들어가서는 한국어를 쓰지 않았고 콩글리시든 몸짓 발짓이든 영어를 써가면서 원어민과 대화를 해나갔고 그게 너무나도 재밌고 신기했다.

원어민 선생님이 내 말을 알아듣고 대답을 해 주는 것도 너무 신기했다. 정말 흔히 말하는 '브로큰 잉글리시(broken English)'였는데도 말이다. 입시 공부를 해야 하는 수험생인 나는 회화 학원을 다니면서 고등학교 3학년 시절을 보냈다. 결국 진학하고 싶은 대학에 입학하지 못해서 편입을 결심했다. 이때만 해도 편입은 영어 점수가 아주 중요해서 나름대로 열심히

영어의 아이들

했지만 문법과 단어 실력 위주 평가를 했기에 결국 편입 역시 실패하게 되었다.

영어로 대화하기를 정말 좋아했지만 영어 시험에서는 자주 실패를 맛보아야 했다. 그래서 영어 실력이 형편없는 사람이라고 낙담하고 있는 사이에, 호주 워킹 홀리데이 비자에 대한 정보를 알게 되었다. "호주는 영어권 국가이니 영어를 쓸 기회가 생기겠구나." 기쁜 마음으로 호주 워킹 홀리데이 비자를 신청했고, 배낭 하나를 가지고 무작정 호주로 떠났다.

호주 시드니에 처음 도착한 나는 한국인이 운영하는 호스텔이 있는 킹스 크로스로 가는 지하철을 탔다. 역에 내렸을 때, 가장 먼저 보인 것은 아주 낡은 박스 종이에 "Help me!"라고 적힌 팻말을 들고 있는 거지였다. "이 나라는 거지도 영어를 쓰는구나!"라는 생각이 들었다. 영어는 나에게 실패자 낙인을 준 언어이자 내가 너무나 가지고 싶어도 가지지 못한 언어였는데 이 나라에서는 그 언어가 1달러의 구걸을 위해서 사용되고 있었다. 한국인이 원어민처럼 영어를 구사하기 위해서는 엄청난 비용을 치러야 한다. 한국에서 영어는 부자와 성공한 사람들의 전유물이었는데, 호주에서는 거지들과 알코올 중독자들이 구걸을 위해서도 쓰는 언어일 뿐이었다.

어느 나라에서는 1달러 구걸을 위한 수단인 이 언어 때문에 나는 중고등학교 시절에 너무나도 많은 스트레스를 받았고, 항상 실패자라는 인식에서 헤어나지 못했다. 지금 생각하면 참 어처구니없지만, 영어 때문에 받은 스트레스의 원인이 단지 나의 짧은 생각에만 있는 것은 아닐 것이다. 영어에 대한 잘못된 인식 때문에 내가 겪은 시련과 고통을 우리 아이들은 조금 덜 가졌으면 하는 것이 나의 바람이다. 앞으로 영어는 우리 아이들에게는 더욱 필요할 것이다. 영어는 국제어로서의 위상이 더욱 확고해지고 있으며, 우리 사회에서 영어의 역할은 점점 더 커지고 있기 때문이다.

영어 사용자는 비원어민이 원어민보다 더 많고 원어민의 비율은 계속해서 떨어지고 있는 상황에 있다. 그러므로 우리 아이들이 미래에 원어민과 영어로 소통할 확률은 비원어민과 소통할 확률보다 현저히 낮다고 할수 있다. 그럼에도 불구하고 여전히 영어는 반드시 원어민에게 배워야 한다는 인식이 가득하고, 원어민 영어에 목말라 있다. 이 때문에 우리가 아이들에게 얼마나 많은 불필요한 스트레스를 주고 있는지 한 번 더 짚어 볼 때인 것 같다.

안혜정(싱가포르 난양 공과 대학교 인문대학 교수)

대한민국에서
최선의 영어 교육이란?

나는 아이들의 언어 발달에 대해 가르치며 연구한다. 어휘 습득, 한글 익히기, 읽기 발달, 그림책을 포함한 아동 문학, 다중 언어…… 알면 알수록 재미있는 분야라고 생각한다. 요즘에는 우리나라 아이들의 영어 학습에 많은 관심을 갖고 있는 동시에, 나 자신의 부족한 영어 능력 때문에 업무에 어려움을 겪고 있다. 어릴 때부터 영어를 접하고 배울 수 있는 요즘의 어린 아이들이 솔직히 아주 부럽다. 이 기회에 영어라는 열쇠말로 나의 40여 년을 돌아볼까 싶다.

유치원에 다니던 시절, AFKN에서 방영하던 「세서미 스트리트」를 가끔 보곤 했다. 알아들을 수는 없었겠지만 그야말로 아이답게 화면에 빠졌고 빨아들였다. 음악과 말투가 세련되게 들렸고 인형들과 제스처가 매혹적이었던 것이 영어와 관련된 첫 기억이다. 하지만 내 삶과는 연결되지 않는 세상이었다.

초등학교 4학년 때에는 선생님 책상 위 천장에 매달린 작은 브라운관

텔레비전을 통해 영어 교육 프로그램을 보았다. 노래를 통해 영어 단어나 인사말을 배우는 수준이었다. '나이프'라고 발음하는데 왜 'n'이 아니고 'k'로 시작하는지 궁금해져서 용감하게 손을 들고 질문했던 기억이 난다. 하지만 그렇게 배운 영어는 아무 데서도 써 볼 수 없는 지식일 뿐이었다.

초등학교 졸업을 앞둔 겨울에 외갓집에서 지내며 딱 한 달 학원에 다녔다. 수학 1장 '집합'과 함께 영어 알파벳과 인사말, 높낮이 기호로 나타낸 억양 등을 배웠다. 뭔가 본격적인 학습이 시작된다는 느낌이 들었고, 그 후로 중학교에서는 교과서와 참고서 영어를 참 열심히 공부했다. 내가 아는 우리말 단어에 상응하는 영어 단어를 알게 되고, 국어와 비교되는 영어 문법을 외우는 과정이었다. 꽤 자극적이고 재미있는 영어 학습이었지만, 대부분의 학생들에게는 괴로운 과목이 늘어난 셈이었다.

고등학교에서는 사정이 좀 달랐다. '언어' 학습이 제일 좋았던 나는 외고에 진학했고, 국어, 제2외국어, 제3외국어 등 각종 언어 과목 중에서도 영어의 시수가 가장 많은 교육 과정을 경험하게 되었다. 원어민 선생님들과 회화 수업을 했고, 헤드폰을 쓰고 하는 랩 수업이 있었으며, 무엇보다도 좋았던 것은 영미 단편 소설 등 다양한 영문 텍스트가 교재가 되었다는 것이었다. 그 경험은 학생의 학습 동기와 잘 맞는 교육 과정이 얼마나 중요한지 느끼게 해 주었다. 고교 시절의 영어는 내게 단순히 입시를 위한 점수가 아닌, 의사소통을 위한 언어로서 자리매김하게 되었다. 졸업 직후 처음으로 해외 여행을 갔는데, 처음 본 외국인인 태국 숙소의 직원과 말이 통한다는 기쁨에 가족들 앞에서 의기양양했던 기억이 난다.

대학에서는 소원대로 수학을 공부하지 않아도 되었고, 언어학과에서 말 그대로 언어만 공부해도 되는 상황이었다. 교양 영어와 언어학 강독, 영미 문학 수업에서는 영어 자체가 탐구의 대상이었지만, 그 외에는 전공을

영이의 아이들

공부하기 위한 '도구'로서의 영어였기에 변화가 있었다. 석사, 박사 과정을 국내에서 거치는 동안에는 유학생들의 공부란 어떤 것일까 궁금했다. 연구자에게 필수라는 '국제적 의사소통 능력'에서 구멍이 나면 안 되겠다 싶어 대학원생 시절에는 교내 언어교육원에서 영어 회화와 프레젠테이션 수업을 꾸준히 들었다. 박사 과정 때는 1년간 휴학을 하고, 캐나다에 어학연수를 갔다. 혼자 책상에 앉아 책으로 하는 공부를 가장 좋아하지만, 언어란 그것만으로는 안 되겠다고 느꼈던 시간이었다. 대학교 두 곳을 낮과 밤으로 나누어 다니면서 수업도 실컷 듣고 친구들도 사귀었다. 하지만 돌아와서는 영어도 계속 안 쓰면 도로아미타불임을 깨달았다.

첫 연구 휴가는 미국으로 갔다. 방문 교수이지만 본의 아니게 겸손하고 과묵한 태도로 아동 이중 언어 습득 수업에 참여했다. 담당 교수님은 무려 4개 국어 구사자, 다른 학생들은 모두 이중 언어 화자였다. 첫 시간부터 이중 언어의 이점에 대해 집중적 설득을 당했다. 한국에서 논란이 많은 제2언어 교육의 시점, 모국어와의 혼란, 다문화 가정에서의 언어 사용 정책, 코드 믹싱, 교육의 경제적 비용, 계층 간의 기회 차이, 장애 아동의 이중 언어 등은 모두 중요한 이슈가 아니었다. 그저 이중 언어가 필요한 아동들은 누구나 자연스럽게 언어를 배워야 한다는 게 포인트였다. 영미권에서 수십 년간 쌓인 이중 언어 관련 이론과 연구 결과들은 충격적으로 다가왔다. 아이들의 언어 습득에 대해 개종에 버금가는 경험을 한 시간이었다.

대학이라는 기관과 인연을 맺은 후 지금까지 영어는 내게 학습과 연구의 도구이자 국제적 의사소통의 수단이다. 그래서 팍팍 발전하고 싶지만 쉽게 안 되는 대단히 안타까운 영역이다. 램프의 요정이 소원을 딱 하나 들어주겠다고 하면, 주저 없이 영어를 잘하게 해 달라는 소원을 말하겠다고 종종 상상한다. 주변 학계에서도 비슷한 토로를 수없이 들어왔다. 나를 포

함해 이런 생각인 부모들은 그래서 자녀의 영어 교육에 열심인지도 모른
다. 대한민국에서는 과연 어떤 방식의 영어 교육이 최선일까?

최나야(서울대학교 아동가족학과 교수)

영어의 아이들

차례

1

영어는 일찍 배울수록
좋을까요?

빨리빨리가 최선이 아니에요

'빨리빨리'는 유명한 한국어 단어이다. 세계인이 '한국인' 하면 떠오르는 단어로 말하곤 한다. 빨리 해서 좋은 점도 많이 있지만, 단점도 많다. 태교 영어가 한창 붐을 일으켰다. 아이가 뱃속에 있을 때부터 영어를 가르치고, 원정 출산이 유행하기도 했다. 일정 나이가 지나면 언어가 자연스럽게 내재화되는 게 쉽지 않다는 것은 사실이다. 때문에 '이왕이면 일찍' 다중 언어 환경에 노출되는 것이 좋다는 생각에 그러한 붐이 일었다. 이렇게 아이를 무작정 다중 언어 환경에 노출하는 것이 긍정적인 효과만 있을까?

현대 언어학에서 모국어는 대개 2세 반 정도에 습득이 완료된다고 한다. 개인차도 있고 언어 차도 있지만, 중요한 것은 태어나서 수년 안에 모국어이자 숙주 언어를 습득하지 못하면, 영영 뼈대 언어 없이 불안정한 언어 생활을 하게 될 확률이 매우 높다. 어떤 친구가 이제 영어 하나만 가르치던 시대는 지나갔다고 하는 말을 들었다. 중국어와 일본어는 필수라는 것이다. 비슷한 말을 종종 지인들에게 들었다. 그렇게 새로운 이야기도 아니다.

그런데 이제 막 한국어 걸음마를 떼는 아이가 많은 언어에 노출되면 어떻게 될까? 아이들은 언어 혼동을 겪는다. 실제로 모국어나 숙주 언어가 제대로 자리 잡지 않은 채, 여러 가지 언어 노출이 잦거나 유대감과 상호작용이 없는 상황에서 언어 노출이 이뤄질 때, 아이들은 언어 혼동과 정체성 혼란에 많이 빠지게 된다. 그리고 이러한 경험은 아이를 자신감이 없는 아이로 만든다. 말을 안 하는 아이가 된다.

물론 다중 언어 노출 자체가 언어 혼동의 요인이 되는 것은 절대로 아니다. 아이들은 다중 언어를 받아들이고, 발전해 나갈 수 있는 천부적인 능력이 있기 때문이다. 그런데 이 능력이 열매를 맺기 위해서는 순리에 따라서 자연스럽게 언어에 노출되고, 그 언어로 상호작용을 할 수 있는 유대 관계가 필수적이다. 언어를 암기해야 하는 공식처럼 대하지 않고, 유대 관계를 통해 삶 가운데 자연스럽게 노출하게 되면 아이들은 신기하게도 그 언어의 집을 열 수 있는 열쇠를 스스로 찾아간다. 특별히 언어에 천부적인 재능이 없어도 말이다.

빨리빨리 혹은 많이많이가 최선은 아니다. 특히 한국어를 습득하며 영어를 하나 더 얹어 배우는 아이들의 경우에, 빨리빨리를 강조하고, 아이들이 감당하기 힘든 영어 환경에 노출하는 것은 아이들에게 결코 약이 되지 않는다. 오히려 독이 된다. 한국어도 아직 뿌리내리지 못한 아이들에게 부모, 가족들과의 유대 관계에서 떠나 모르는 사람들, 낯선 언어 환경에 적응을 강요하는 것은 대부분 아이들의 언어 발달뿐 아니라 인지와 정서 발달에 큰 문제를 가져올 것이다. 영어를 배우는 시기 자체가 아이들의 훗날 영어 교육에 그렇게 큰 영향을 미치는 것은 아니라고 본다.

영국에 살면서 많은 외국인들을 본다. 영어가 공용어로 쓰이지 않는 나라에서 온 사람들도 많이 있다. 그러나 대개 영어를 편안하게 쓰며, 영어에 큰 어려움이나 스트레스를 받지 않고 살아간다. 옥스퍼드에서 일하는 많은 외국인 대학 교수 동료들도 마찬가지로 '정식'으로 영어를 배우기 시작한 것은 나와 비슷한 중고등학교, 대학교 때이다. 빨리 배우면 좋은 점도 많다. 그렇지만 빨리 배우지 못해 안달할 필요도 없고, 빨리 가르치고 배워야 한다는 강박 관념에 시달릴 필요는 더더욱 없다.

시작이 반이라는 말이 있다. 결코 늦었다고 생각하지 말고, 아이들이 즐거워할 수 있도록 영어를 접하게 해 주자. 분량을 정하지도 말고, 아이들에게 시험을 보게 하거나, 요구하지도 말자. 좋아할 수 있는 만큼만 가르쳐 주자.

그간 언어학, 심리학을 비롯해 인문학 전반에서 인간의 언어 능력이 배우는 것이냐(nurture), 타고 나는 것이냐(nature)에 대한 논의가 매우 활발히 진행되었다. 도대체 누구 말이 맞는 것일까? 정답은 아마 둘 다가 아닐까? 타고나는 것이 있다면, 배우는 것도 무시할 수 없다.

아이들의 숨겨진 능력이 빛을 발하고 열매를 맺기 위해서는, 마치 자동차가 움직이기 위해서 누군가 엔진에 시동을 걸어야 하듯 누군가 이 능력에 불을 지펴 주는 것이 필요하다. '구슬이 서 말이라도 꿰어야 보배'라는 우리 속담처럼, 이러한 언어 능력을 타고나더라도 능력에 불을 지펴 주지 않으면 그냥 소실되고 만다. 이와 관련해서 최근에 보게 된 어느 학교의 모토가 생각나서 소개한다.

"아이의 마음은 어른이 무엇인가를 채워 넣는 그릇이 아닙니다. 대신, 동기 부여를 통해서 어른들은 아이들의 마음속 능력과 열정에 불을 지펴 줘야 합니다."[1]

어릴 적 부모가 아이에게 주는 정신적 영향력은 측량할 수가 없다. 어머니는 내가 키가 작은 이유가 우유를 덜 마셨기 때문이라고, 또 키가 작은 당신을 닮았기 때문이라고 하셨다. 둘 다 정답이라고 생각한다. 아이가 언어를 배우고, 언어 능력의 키가 성장하는 데도 두 가지 요소가 다 필요하다. 타고나는 것이 있고, 가르쳐 줘야 하는 것이 있다.

16세기 영국 사립 학교 교장 리처드 멀캐스터(Richard Mulcaster)는 "자연은 아이가 자신이 타고난 성향대로 자라도록 인도하지만, 교육은 그 아이가 자신이 가지고 태어난 능력을 꽃피우도록 도와 준다."[2]라고 했다. 나는 이 말이 바로 우리의 언어 교육이 지향해야 할 바가 아닐까 생각해 본다.

조기 영어 유학 다시 한 번 생각해 보세요

요즘에 영어유치원은 선택이 아니라 필수라고 한다. 좋은 영유는 돈만 있다고 가는 것도 아니라고 한다. 테스트를 봐서 합격한 아이들만 갈 수 있고, 그것마저도 경쟁이 매우 세다고 들었다. 대한민국의 많은 어머니들에게 결코 새로운 이야기가 아닐 것이다. 이런 현실을 비판하면서도, 울며 겨자 먹기로 아이들을 영어유치원에 보내는 게 오늘날 대한민국 부모들의 현주소이다. 영유에 못 보낸 부모들은 아이의 미래를 걱정하며 큰 한숨을 쉰다. 부모들은 아이들이 우리말 배우기에 한 발짝을 떼는 그 순간부터, 벌써 영어 가르칠 생각을 하고, 엄청난 재정적 투자를 한다.

외국에 20년 가까이 살면서, 영어로 말하고 살아가면서, 이러한 교육 상황은 어딜 봐도 너무나 병적이라는 생각이 들었다. 이런 영어 교육은 정말 잘못되었다. 영어유치원에 보내고 안 보내고가 중요한 게 아니라, 우리는 먼저 우리 아이들이 '왜' 영어를 공부해야 하는지 생각해 봐야 하지 않을까? 어느 학원에 가고, 어느 유치원에 가느냐가 중요한 게 아니라, 가서 뭘 배우고, 어떻게 수업이 이뤄지는 것이 중요하지 않을까? 유치원의 커리큘럼이 어떠한지, 아이들의 만족도는 어떠한지를 살펴보는 것이 아이들의 테스트 결과보다 훨씬 중요한데 말이다.

Tips!

무조건 영어를 빨리, 이른 나이에 배우는 것이 능사가 아닙니다. 모국어인 한국어가 충분히 자리 잡고 언어의 틀이 형성된 후에 영어를 배워도 늦지 않습니다. 영어를 배우는 데에 중요한 것은 시기보다 상황입니다. 아이가 영어에 대한 강박이나 스트레스 없이 유대 관계 속에서 흥미를 느껴 자발적으로 접근하도록 해야 합니다.

2
영어를 왜 배워야 한다고
말해 줄까요?

영어를 배워야 하는 이유

우리나라 아이들을 위한 영어 교육에서 가장 중요한 부분이 아닐까 싶다. 일상에서 영어를 쓰지 않아도 되는 환경이므로, 영어 학습에는 특별한 동기가 필요하기 때문이다. 그 동기를 어릴 때, 자연스럽게 키울 수 있다면 그야말로 최선이다. "영어를 잘해야 해.", "영어 점수가 중요해."처럼 어른들의 잔소리나 당위로 전달된다면 진정한 동기가 형성되거나 향상될 리 없다. 우선 우리가 영어를 배워야 할 이유를 정리해 보자.

- 세계에서 가장 많이 사용되는 언어: 2020년 기준 세계에서 모국어 화자가 가장 많은 언어는 만다린 중국어(약 1억 8800만 명)이지만, 제2언어 화자까지 포함했을 때 화자의 수가 가장 많은 언어는 단연코 영어(약 12억 6800만 명)이다.[1] 영어는 전 세계 195개국 중 무려 67개국(미국, 영국, 캐나다, 호주,

뉴질랜드 등)의 공식 언어이고, EU, UN, NATO 등 많은 국제 기구의 공식 언어이다.

- 더 많은 의사소통 기회 창출: 영어를 쓸 수 있으면, 수많은 국가에서 효과적으로 커뮤니케이션할 수 있다. 따라서 근무하거나 여행할 국가를 결정하는 데에 제약을 없애 준다. 영어를 할 수 있으면 외국에서 처음 만난 타인과 효과적으로 의사소통할 수 있는 가능성이 생긴다. 길을 묻거나, 음식을 주문하거나, 공항과 호텔을 이용하거나, 어떤 주제에 대해 자유롭게 대화할 수 있다. 또한 국내에 있는 외국인과도 영어로 의사소통하고 친구가 될 수 있다. 즉 영어는 우리의 사회적 범위를 넓혀 준다.

- 더 많은 지식에 접근 가능: 전 세계 웹사이트 중 상위 1000만 개의 60.5퍼센트가 영어로 작성되어 있다는 점만 고려해도 결론은 정해져 있다. 영어 다음으로 많이 쓰이는 언어는 러시아어로, 상위 1000만 개 웹사이트의 단 8.6퍼센트(2020년 12월 기준, W3Techs 추정)를 차지한다. 영어로 된 전문적인 책을 통해 최신 정보를 얻을 수 있는 점은 대단히 매력적이다. 아이들을 위한 논픽션부터 전공자를 위한 전문 서적까지, 수준에서 앞서 있는 텍스트를 거부할 이유는 없다.

- 우수한 학교에서 학습할 수 있는 기회 제공: 영어는 고등 교육의 언어로 여겨진다. 하버드, 예일, 프린스턴, 스탠퍼드, 옥스퍼드, 케임브리지 대학교 등 세계 최고의 대학에서 수학하기 위해서는 영어를 능숙하게 말할 수 있는 능력이 필요하다. 국내에서도 좋은 학교일수록 수업과 연구에서 영어를 활용하는 비중이 높다.

- 취업 기회 확대: 영어는 비즈니스 미팅, 고객 서비스 및 판매, 마케팅 등에서 주로 사용되는 언어이다. 따라서 회사에 취업해 비즈니스맨이 되고 싶다면, 해외에서 살지 않더라도 영어를 잘하는 것이 필수적이다. 요즘은 국내 다국적 기업이나 해외 취업에 관심을 둔 지원자들이 많다. 영어를 잘하는 지원자는 채용 과정에서 매력적인 후보자가 될 수 있다. 또한 여행 산업 등 국제적인 경험을 필요로 하는 업계나 각종 전문직에서도 영어가 가진 힘은 막강하다. 전문직 부모들이 자녀에게 영어 교육을 강조하는 가장 큰 이유는 스스로의 업무 상황에서 영어의 필요성과 중요성을 뼈저리게 느끼기 때문이다.

- 두뇌 자극과 발달: 언어 학습 자체가 우리 뇌에 미치는 영향은 무시할 수 없다. 예컨대 언어 능력뿐만 아니라 수학 연산, 감정 인식을 관장하는 것으로 알려진 아래마루겉질(하두정피질, inferior parietal cortex)의 회백질 밀도는 좌반구와 우반구 모두에서 이중 언어 사용자가 단일 언어 사용자보다 유의하게 높다. 더 구체적으로, 제2언어의 습득 연령이 어리고 그 성취도가 높을수록 회백질 밀도가 높다.[2] 이를 통해 제2언어의 학습 여부뿐만 아니라, 제2언어를 학습하는 나이에 따라, 뇌의 구조가 다양하게 변화하는 것을 알 수 있다.

- 세계 문화의 이해와 수용: 최근 AI 통·번역 기술이 비약적으로 발전하고 있다. 아직 자동 통·번역의 정확성은 다소 떨어지나 시간이 가면 거의 해결되리라는 시각이 지배적이다. 이런 상황에서 여전히 외국어 학습이 필요하냐는 질문이 많이 들린다. 세계 공용어로서 영어가 갖는 위상도 사라질 수 있지 않냐는 것이다. 그런데 언어는 문화에 대한 이해와 뗄 수 없기 때문

에 언어를 배우면서 세계 다른 나라의 문화도 배우게 된다. 영어를 비롯한 외국어는 세계 각국의 문화를 이해하고 받아들이는 도구이기 때문이다.

우리가 외국 영화를 볼 때, 번역된 문장과 직접 귀로 듣고 이해한 문장이 다르다고 느낀 적이 있지 않은가? 인터넷 포탈의 자동 번역 기능을 쓸 때도 자신이 지닌 언어 능력이 번역 결과를 선택, 수정하는 데 얼마나 중요한지 체감할 수 있다. 즉 스스로 알아야 재미도 있고, 새로운 기술도 잘 활용할 수 있다.

이러한 매체와 기술의 도움으로 자신이 모르는 영어를 우리말로, 또는 우리말을 영어로 옮기는 것과 영어로 자연스럽게 대화할 수 있는 것은

그림 2-1 미국 캘리포니아의 한 초등학교 K 학급에서 할로윈 데이를 기념하는 모습. 실제적인 교육 환경에서 진정한 의사소통을 하고 새로운 문화를 경험하면 영어 습득에 유리하다.

영어의 아이들

감정적, 사회적인 면에서도 큰 차이다. 한국어를 능통하게 구사하는 외국인에게 쉽게 마음이 열리는 것과 같은 이치다.

영어 학습 동기를 키워 주려면

어떻게 아이의 영어 학습 동기를 키워 줄까? 첫째, 영어가 쓰이는 상황을 눈으로 직접 보게 하자. 영어를 사용하는 외국인과의 대화를 목격하거나, 외국 여행을 가는 것은 확실히 도움이 된다. 이때, 부모가 아이 앞에서 어떤 태도를 보여 주는지도 중요하다. 어떤 부모가 외국 여행 중 공항 입국 심사대 앞에서 "뭐라고 하지? 어떡해?"라며 불안해 하자, 유아기 자녀가 그만 선 채로 오줌을 쌌다. 식당에서 주문할 때도 서로에게 역할을 미루며 영어를 두려워하는 모습을 본 아이는 영어란 무서운 것이라는 생각을 확고히 갖게 되었다. 이처럼 주변에서 흔히 볼 수 있는 영어 불안은 영어 학습 동기의 반대편에서 강력하게 작용한다. 일상 생활에서 자연스럽게 영어 의사소통이 이루어지는 장면을 접한 아이는 영어란 삶에 필요한 것임을 스스로 깨닫게 된다. 그리고 배울 기회가 생겼을 때 적극적으로 배우려고 한다.

둘째, 맥락에서 떨어진 단어부터 가르치기보다 인사말처럼 직접적인 대화에 쓰일 수 있는 표현을 몇 마디 지도해 보자. 아이가 영어 화자를 만났을 때 이런 시도를 해 보고, 대화에 성공한다면 자신감과 확신이 생겨 동기는 더욱 탄력을 받을 것이다.

셋째, 유아라면 영어로 놀 수 있는 기회를 만들어 주자. 어린이는 대체로 외국어 학습 동기가 높다고 한다. 단, 그 언어로 놀아야 할 때 그렇다. 친구를 사귀고 어울려 놀기 위해서는 서로 통하는 언어가 필수적이기 때문이다.

넷째, 영어 공부를 억지로 시키지 말고, 아이가 좋아하는 주제나 방법을 최대한 활용하게 하자. 누가 시키는 공부는 하기 싫은 게 지극히 정상이다. 중학생 때까지 영어가 '과목'이라고 인식되지 않는다면 성공한 것이다. 영어는 타인과의 소통을 위한 언어이자 이해와 학습을 위한 매체이지, 점수를 얻고 등수를 매기기 위한 과목이 아니라고 생각하는 게 훨씬 유리하다. 아이가 놀이, 노래, 만화, 영화, 그림책, 앱 등 어떤 방식을 좋아하는지 세심히 관찰해서 좋아하는 쪽으로 밀어 주면 좋다.

Tips!

영어는 입시 과목으로 끝이 아닙니다. 어릴 때 영어를 배워야 하는 필요성을 스스로 인식하고 영어 학습 동기가 꾸준히 유지되는 것이 중요하지요. 절대로 억지 공부를 시키지 말고 영어가 의사소통의 도구로서 '진짜로' 쓰이는 경험을 갖게 해야 합니다.

영어의 아이들

3
영어를 잘 못한다는 말이
왜 위험할까요?

대체 왜 영어 공부를 해야 하는 걸까?

영어를 무작정 잘하는 게 목표가 되어서는 안 된다. 확실한 동기가 있어야 하고 또 그 목표를 유지할 수 있을 만큼 내내 흥미가 있어야 한다. 돌아가신 아버지는 내가 영어의 알파벳을 배울 즈음에 미국 오리건 주 비버튼이란 작은 도시에 사는 친구를 펜팔로 소개해 주셨다. 처음에는 아버지의 도움으로 한두 마디를 썼다. 당시에 걸프전이 났는데, 날마다 편지를 써서 보냈던 기억이 난다. 할 수 있는 영어를 총동원해서 말이다. 편지 한 장, 사진 한 장이 오면 뛸 듯이 기뻤다.

내가 영어를 공부해야 하는 이유는 분명했다. 친구와 소통을 하기 위해서였다. 영어를 하면, 세계 사람들과 소통을 할 수 있다는 것을 체험했고, 새로운 언어를 배우는 게 그저 신기하기만 했다. 이 신기한 마음이 나중에는 영어 원서를 읽는 즐거움의 근간이 되었다. 영어 어휘가 표현할 수 있는 것과 한국어 어휘가 표현할 수 있는 맛깔이 다르다는 것을 배우게 되었는데, 이 또한 신기하기만 했다. 문법과 발음 중심으로 영어를 이야기하는 것은 시대를 거슬러 가는 행동이다.

완벽주의는 금물

완벽주의도 언어 공부에 큰 걸림돌이 된다. 사실, 모국어 화자들도 문법적으로 완벽한 문장을 말할 수는 없다. 방금 자신이 한 말을 녹음해서 한 번 적어 보면 쉽게 알 수 있다. 문법적으로 완벽하다는 것은 사실, 언어학적으로 문어(文語)에 해당하는 잣대일 뿐이며 입말, 즉 구어(口語)에 해당하는 잣대가 아니다. 문어, 다시 말해서 글말 중에서도 아주 한정된 자료에 해당하는 말이다. 시의 문법성을 이야기할 수 없듯이 말이다.

그런데 우리는 이 완벽주의가 매우 강하다. 완벽하게 말하기 위해 말을 삼가며 안 하기도 한다. 대학 1학년 때 일이다. 『오리엔탈리즘』으로 유명한 에드워드 사이드의 특강이 있었다. 사회대 큰 강당이 가득 찼다. 그런데 질문 시간이 되자 아무도 질문을 하지 않았다. 사이드 교수의 실망하는 모습이 25년이 지난 지금도 기억이 난다. 나였어도 12시간 넘게 비행기를 타고 와서 열정을 다한 강의 후에 아무도 질문을 하지 않으면 정말 실망스러울 것 같다. 과연 질문을 안 한 이유가 질문이 없어서였을까? 아니면, 영어로 질문을 하는 게 두려워서였을까? 완벽한 영어 문장이란 없다. 완벽한 영어도 없고 완벽한 언어도 없다.

영이의 아이들

두려움은 언어 공부 최대의 적

두려움은 언어 공부 최대의 적이다. 나는 대학에 다닐 때 프랑스어 공부를 열심히 했다. 그런데 학교에서 배운 프랑스어는 별로 늘지가 않았다. 규칙을 외우는 건 재미없었고 규칙을 안 외우고 빨리 입과 귀가 열리길 바랐다. 문법을 생각하다 보면 재미가 없어졌다. 나는 프랑스어의 세련된 느낌과 소리가 좋아서 배우고 싶었는데 방법이 없을까 고민하다 서래마을 프랑스 가족의 베이비시터로 알바를 시작했다. 당시 6세 된 소피를 학교에서 픽업하고 돌보는 일이었다. 소피와 하는 일은 대개 학교 갔다 와서 간식 먹고, 놀아주는 일이었다. 소피는 나의 프랑스어에 대해 전혀 판단하지 않았다. 사실 나는 소피보다 많은 단어를 알고 있었고 소피와 같이 대화할 때는 마음에 전혀 부담이 없었다. 소피와 함께했던 1년 동안 나는 프랑스어에 대한 두려움을 완전히 극복했다. 그때 배운 프랑스어가 지금도 내가 기억하는 프랑스어이다.

난 영어 잘 못해, 이런 말을 하지 말아 주세요

한국 사람들은 깊은 영어 열등감에 빠져 산다. 영어를 두려워하고, 스스로 영어를 잘 못한다고 종종 이야기한다. 우리가 영어를 잘 못하는 이유가 있을까? 우리는 정말 영어를 다른 어느 나라 사람들보다 못하는 것일까? 결론부터 말하자면, 우리는 영어를 잘 못하지 않는다. 우리는 영어를 잘하고 못하고 이런 이야기를 필요 이상으로 많이 하는 것 같다. 영어를 할 수 있고, 없고의 문제가 아니라 잘하고 잘 못하고를 구분 짓고 이에 대해 필요 없이 이야기하는 것 자체가 큰 문제라고 생각한다. 아이들에게 영어를 잘한다 못한다 적용하는 것이 큰 문제이다. 이런 이야기를 하면 할수록 영어가 자연스러운 언어로 아이들의 머릿속에 자리 잡기 어렵다.

어른들이 느끼는 이러한 영어 열등감과 완벽주의를 아이들이 답습하지 않도록 조심해야 한다. 어린아이는 영어에 대한 선입견('영어는 어려운 것이다.')이나 부담감('문법적으로 완벽한 영어를 구사해야 해.')이 별로 없다. 그러나 영어가 학습의 대상이 되는 순간부터 그것은 아이에게 부담을 주는 주체로 작용한다.

그림 3-1은 '연령에 따른 영어 학습 흥미' 변화를 보여 준다. 일반 유치원이든 영어학원 유치부이든 아이의 연령이 올라갈수록 영어 학습에 대한 흥미가 점차적으로 감소한다. 반면에 그림 3-2에서 '연령에 따른 영어 학습 불안'은 연령이 오를수록 증가세를 보인다. 영어에 대한 흥미와 불안의 반비례는 어찌 보면 당연한 결과이다. 그렇다면 어떻게 아이들이 영어를 두려워하지 않고 습득하게 할 수 있을까?

호기심에 발동을 걸어야

아이들이 영어를 배우는 데 가장 중요한 것은 호기심이다. 좋아하는 마음과 호기심에 발동이 걸리게 하는 게 어린이 영어 교육에서 가장 중요하다고 생각한다. 이것은 언제 영어에 노출이 되는가보다도 중요하다. 내가 처음 영어 알파벳이 어떻게 생겼나 들어본 시기는 초등학교를 졸업하고 중학교에 들어가기 전 방학 때였다. 한글과 한자의 세상에서 영어 알파벳이라는 새로운 문자가 신기하기만 했다. 새로운 발음도 신기했다. 당시만 해

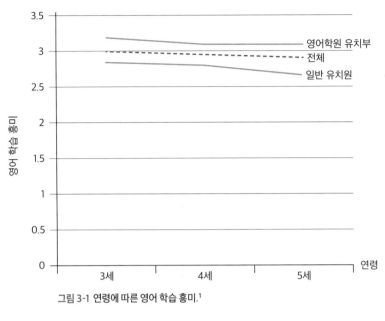

그림 3-1 연령에 따른 영어 학습 흥미.[1]

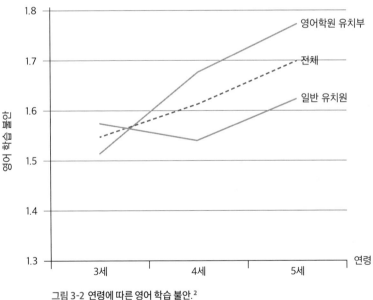

그림 3-2 연령에 따른 영어 학습 불안.[2]

도 영어를 쉽게 접할 수가 없었다. 영어 선생님은 레코더를 들고 다니며, 발음을 들려주셨다. 발음도 신기하고, 새로운 언어를 듣고 뜻을 이해하는 것도 새로웠다. 영어를 잘하는 사람들은 더 신기했다. 신기해서 자꾸 듣고 보고, 영어로 된 세상에 문을 두드렸다.

　요즘 영국과 프랑스에는 한국어를 배우는 학생들이 줄을 섰다. 다른 외국어 공부에 대한 인기는 계속 떨어지고 있는데, 유독 한국어의 인기가 급상승하고 있다. 몇 년 동안 전국의 프랑스 대학에서 한국어과 정원이 30~40명인데 1,000명 넘게 지원을 하는 일이 계속되고 있다고 들었다. 한국어가 이렇게 인기를 끄는 것은 다름 아닌 케이팝과 드라마, 영화 등 한류 덕분이다. 한류가 좋으니 한국어를 공부하는 것이다. 내 학생 중에 마토 맨더슬롯이란 학생은 어릴 적 태권도를 배우면서, 한국어에 관심을 갖게 되

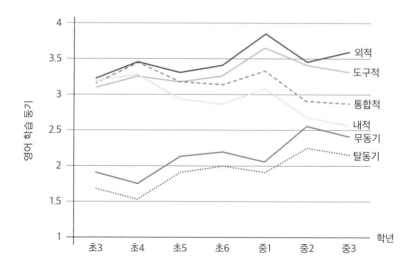

그림 3-3 초3~중3 영어 학습 동기 유형별 변화.[3]

영어의 아이들

었다고 한다. 네덜란드의 태권도 국가 대표까지 지냈는데, 한국어에 대한 관심으로 지금은 한국 문학 번역가로 활발히 활동을 하고 있다. 언어를 배우는 데 흥미와 경험은 매우 중요하다.

그림 3-3은 초등학교 3학년부터 중학교 3학년까지의 아이들을 대상으로 영어 학습 동기의 정도를 조사한 결과이다. 굴곡이 있기는 하나 대체로 내적 동기와 통합적 동기는 감소하고 그 외에 외적 동기, 도구적 동기, 무동기, 탈동기는 증가하고 있다. 내적 동기는 영어에 대한 흥미와 관련이 있는데, 학년이 올라갈수록 이는 감소하는 반면에, 좋은 성적과 미래의 취업 또는 영어의 성취를 통한 외부로부터의 보상과 관련한 동기는 갈수록 높아진다. 이러한 동기가 나쁘다는 것은 아니다. 성인도 그와 같은 현실적인 이유로 영어를 학습하는 경우가 많다. 그러나 이것들과 함께 무동기와 탈동기 역시 증가했다는 것은 긍정적으로 보기 어렵다.

- 내적 동기: 어떠한 보상을 바라지 않고 자발적으로 학습자 자신에게서 오는 동기.

- 외적 동기: 칭찬이나 기대, 타인의 만족 등 외부로부터 보상을 기대하는 데서 비롯되는 동기.

- 통합적 동기: 외국어 학습자가 그 외국어를 모국어로 사용하는 문화와 집단에 자기 자신을 동화하기 위해 외국어를 학습하는 동기.

- 도구적 동기: 시험에 통과하기 위해, 좋은 직장을 얻기 위해, 외국어 서적을 보기 위해 등의 실용적인 이유로 학습을 하는 동기. 학습자 자신이 설정

한 목표나 목적을 달성하기 위한 수단으로서의 언어 학습.

- 무동기: 행동의 결과가 자신의 통제 밖에 있다고 여겨져서 행동을 지속할 의미를 잃어버리게 되는 상태.

- 탈동기: 외적인 요인 때문에 행동의 기초가 되는 동기가 줄어드는 상태.

무동기는 '행동을 지속할 의미'를 잃어버린 것이며, 탈동기는 '행동의 기초가 되는 동기'가 줄어드는 것으로 둘 다 영어에 대한 학습 동기 자체가 줄어들거나 사라졌음을 의미한다. 이것을 아이들만의 잘못으로 보아서는 안 된다. 아이가 배우고자 하는 의욕을 갖기 힘들게 하는 교육 환경을 돌아볼 필요가 있다. 혹시 문법적으로 완벽한 영어, 북미 원어민과 같은 발음을 아이의 영어 학습의 목표로 설정하고 있지는 않은가? 수백 개의 단어를 그저 단어장을 통해 주입식으로 외우게만 하지는 않는가? 영어에 대한 두려움을 낳는 영어 완벽주의와 학습 부담은 아이들에게 현실적인 영어 학습 동기를 높일 수도 있지만 오히려 탈동기, 무동기로 아이들을 이끌 수도 있다.

아이들에게는 아이들에게 맞는 방식으로

영어를 낯선 언어, 학습의 대상으로만 소개하기보다 아이들이 좋아할 수 있는 콘텐츠와 영어를 접목해 보자. 아이들에게 영어에 대한 긍정적인 경험이 될 것이다. 요리와 영어를 접목하거나 놀이, 게임과 영어를 접목하는 것도 좋은 방법이다. 요리도 배우고 영어도 배우고 일거양득이다. 나와 동료 연구진이 요리와 영어를 접목해 가르친 적이 있다. 아이들은 영어라고 어려워하지 않고 모두 흥미로워하고, 즐거워했다. 경험을 통해 배운 단어나 영어가 어떻게 보면 우리 식의 빨리빨리와는 맞지 않을 것이다. 쉽게 결과를 낼 수는 없을지 모른다. 하지만 이렇게 얻은 경험과 흥미는 영어 공부에 있어 평생 자산이 된다.

Tips!

영어를 공부의 대상이 아닌 호기심의 대상으로 만들어 보세요. 아이가 좋아하는 것과 접목해 자연스레 흥미를 유발하는 것도 좋습니다. '배워야 하니까', '남들도 다 배우니까'와 같은 어른들의 막연한 이유는 아이들에게 와 닿지 않습니다. 아이에게 문법적으로 완벽한 영어를 강요하는 것은 금물입니다. 아이가 영어를 틀리는 것에 대한 두려움을 느낄수록 아이는 영어에 거리감을 느끼고 어려워할지도 모릅니다.

4
어떻게 하면 영어에
흥미를 가질까요?

동기 형성의 중요성

국제화 시대에서 영어를 잘하면 많은 혜택이 따른다는 것을 부인할 사람은 없을 것이다. 그처럼 영어를 잘하려면 열심히 학습해야 한다는 것 역시 당연하다. 열심히 하는 사람은 즐기는 사람을 이기지 못한다는 말을 기억해야 한다. 가장 좋은 영어 학습 태도는 바로 '즐김'이다.

식상하게 들리겠지만, 가장 중요한 것은 영어에 흥미를 가지게 만드는 동기의 형성이다. 동기 형성의 지름길 중 하나는 영어를 통한 성취감을 경험하는 것이다. 일단 일상생활에서 아이가 재밌어하는 취미나 활동을 떠올려 보자. 아이가 공룡을 좋아한다면, 공룡에 관한 자료를 영어로 보여 주면 좋다. 아이들은 공룡 이름을 외울 때 초인적 같은 기억력을 발휘하는 경우가 많다. 공룡이 나오는 만화나 영화를 영어로 보여 줄 때 공룡에 푹 빠져 있는 아이라면 낯선 언어 안에서 자신이 공룡에 관해 알고 있는 단어가 들릴 것이다. 그렇게 '나 좀 이해가 돼.', '좀 들려.'라고 느낀다면 그것이 바로 성공적인 성공 경험 장착이다.

성공 경험 만들기

성공 경험 만들기만큼 중요한 것은 정해진 영어를 구사해야 한다는 부담감을 지우는 것이다. 일상적으로 접하기 힘든 (영어 교재 속) 미국식 영어만 영어가 아니기 때문이다. 여기서도 '이렇게 해도 저렇게 해도 말이 통하네.'라는 성공 사례를 경험하는 것이 중요하다. 원어민이 아니더라도 주위에 외국인이 있다면 그 사람의 자녀와 친구가 되어 함께 놀게 해 보자. 즐거운 시간을 보내는 수단으로 영어를 접할 수 있는 아주 좋은 기회가 될 것이다. 예를 들어 옆집에 베트남 출신 가족이 산다면 그 이웃과 친구가 되어 본인의 영어를 연습해 보자. 아이는 두 어른의 영어가 영화나 교재에서 본 미국 사람이 쓰는 영어와 다르더라도, 말이 통하고 친구가 될 수 있다는 생각을 하게 될 것이다. 즉 미국인의 소위 '완벽한' 영어가 의사소통에 필수적이라는 부담감에서 해방되어 도구로서의 영어에 흥미를 가질 수 있는 좋은 계기가 될 수 있지 않을까? 익숙한 한국어가 아닌 영어로도 외국인과 의사소통을 할 수 있다는 자신감은 매우 중요하다.

영어는 재밌는 언어

영어와 관련된 재밌는 경험이 많아져야 한다. 영어를 통해서 재미를 느낄 수 있는 환경을 조성하자. 아이가 좋아하는 어린이 영화를 영어로 보게 하거나, 장난감이나 놀이에 영어를 개입시키는 것은 아주 좋은 방법이다. 어려운 공룡 이름이 아니더라도, 좋아하는 그림책이나 애니메이션 캐릭터를 영어로 소개하거나 아이들이 즐겨하는 게임의 영어판을 소개해 영어에 흥미를 불러일으켜 보자. 게임에 등장하는 표현이나 단어를 빠른 속도로 습득할 것이다. 예를 들어 모든 게임판과 카드가 영어로 되어 있는 모노폴리 게임을 선물한다면, 아이는 적어도 그 게임에 필요한 어휘는 놀이를 통해서 자연스럽게 습득할 것이다. 이처럼 영어를 활용하는 기회를 제공해 보자.

노래나 율동에 관심이 많은 아이라면 영어에 대한 흥미를 북돋는 데 노래가 큰 도움이 될 수 있다. 음악에 관심이 있다면, 영어 노래를 배우고, 영어권 가수의 SNS며 각종 온라인 매체에 실린 기사를 접하면서 자연스럽게 영어에 노출이 될 수 있다. 좋아하는 연예인에 대한 정보를 얻기 위해서라면 영어 읽기도 흥미로워지지 않을까? 영어 고전 소설처럼 아이가 흥미를 보이지 않는 책을 무작정 권유하는 것은 오히려 부작용이 있을 수 있다. 아이가 동화책 읽는 것을 그다지 좋아하지 않는다면, 아이가 좋아하는 캐릭터가 등장하는 논픽션을 찾아 권해 볼 수도 있다. 이처럼 아이의 흥미를 파악하는 것이 우선되어야 한다.

영어는 시험이나 평가 대상이 아니에요

이제 영어는 학습해야 할 대상이라는 인식을 버리자. 단어 테스트 등의 영어 시험 성적으로 아이의 실력을 평가하지 말자. 아이가 영어로 된 그림책을 읽고 동영상을 보고, 그것에 대해서 이야기할 기회를 마련하자. 이때 영어와 한국어를 섞어 말한다면 더욱 효과적이다. 무턱대고 영어 말하기를 시키면 아이는 큰 부담을 느끼거나, 표현의 한계 때문에 하고 싶은 말을 지나치게 단순화해 전달하려 할 우려가 있다. 그러나 한국어와 영어를 같이 써서 영화를 소개해 보자는 정도로 권한다면, 재미있게 보았던 애니메이션이나 영화 이야기를 하는 동안 자연스럽게 영어로 생각하고 말하는 기회를 얻게 될 것이다. 이중 언어를 구사하는 아이가 두 언어를 섞어 사용하는 것은 권장할 만한 일이다. 이것은 그 아이의 가장 큰 강점이 될 수 있기 때문이다.

폭풍 칭찬

이 모든 과정에서 절대로 빠지면 안 될 것은 말 그대로 '폭풍 칭찬'이다. 원어민들은 하고 싶어도 못하는 일을 해내고 있다는 것을 아이에게 꼭 상기시키자. 아이가 영어를 사용해 무엇인가를 말하거나 쓰면 끊임없는 감탄사를 구사하며 칭찬을 퍼부어야 한다. 아무리 작은 성취라도 영어는 긍정의 기억과 연결될 수 있도록 노력해야 한다.

당신의 당당한 영어

마지막으로 부모 자신이 영어를 못한다는 생각도 절대 금물이다. 여러분의 영어 실력은 본인이 생각하는 것보다 훨씬 훌륭할 것이다. 우리는 영

그림 4-1 아이가 책에 관한 자신의
생각을 이야기하고 있다.

그림 4-2 독일인 엄마가 3세, 1세 자녀에게
책을 읽어 주고 있다.

어 실력을 원어민이란 잣대에 비교하는 경향이 있다. 그러나 국제어인 영어 사용자 중에서 원어민의 비중은 계속 낮아지고 있다. 혹시 거리에서 혹은 해외 여행지에서 만난 외국인과 영어로 대화한 적이 있다면 그때 가장 필요한 언어 능력이 무엇이었는지 떠올려보자. 아마도 유창한 발음과 문법, 미국인들이 사용하는 영어는 아니었을 것이다. 이 상황에서는 원어민보다 더 훌륭하게 영어로 상대방과 의사소통이 되었을 수도 있다. 아이가 영어에 흥미를 가지고 이를 유지하기 위해 가장 중요한 것은 영어를 대하는 부모의 태도이다. 어렵고 골치 아픈 시험을 위해서가 아니라, 의사소통을 위해 언어를 배운다는 것을 명심하자. 이를 위해 영어를 미국인의 언어가 아닌, 국제어로 바라보아야 한다. 스스로의 영어를 원어민과 비교하는 습관을 버리면 그때부터 영어가 매우 쉽게 느껴질 것이다.

Tips!

영어는 학습 과목이 아닌, 의사소통의 수단입니다. 정해진 미국식 영어만 영어가 아닙니다. 아이가 의사소통의 수단으로서의 영어에 맛을 들이게 해 보세요. 이렇게 해도, 저렇게 해도 말만 통하면 됩니다! 영어는 재미있는 것 이고, 실수 역시 한국어의 독특함이 반영된 결과물임을 잊지 마세요. 아이 에게 재밌는 영어 학습 경험을 선사하세요. 그러면 어느덧 영어를 즐기고 있는 자신과 자녀를 보게 될 것입니다.

영어의 아이들

5

영어 동영상으로
영어가 늘까요?

영어 영상으로 영어의 집을 지으려면

영어 동영상을 무조건 많이 틀어 준다고 어린 아이들의 영어가 갑자기 늘지는 않는다. 노출은 중요하지만, 언어를 배우려면 '의미 있는' 노출이 중요하다. 아이들이 언어를 배우는 기제가 작동하기 위해서는, 의미 있는 상호작용이 있어야만 한다. 정말로 신기하게도 아이들은 절대로 다른 사람과의 상호작용 없이 언어를 배우지 못한다. 그 언어만의 음소를 익히는 것은 애니메이션을 열심히 본다고 해서 얻어지는 것이 아니다. 다른 사람과의 상호작용을 통해서 이를 익히는 것이다.

패트리셔 쿨(Patricia Kuhl) 워싱턴 대학교 언어·청각 과학 교수는 사회적 뇌 가설(social brain hypothesis)을 주장한다. 영어 DVD나 방송을 24시간 틀어준다고 해서 아이들의 영어가 늘지 않는다. 다만 부모와 함께 동영상을 보고, 동영상에 대해서 이야기를 하거나, 동영상의 상황을 실제 삶에 적용해 보도록 유도하는 것은 좋은 방법이라고 생각한다. 물론 아이들에게 영어의 집이 어느 정도 지어진 이후라면, 동영상이나 영어 영상물은 아이들의 영어 공부에 도움이 된다. 내용을 듣고, 의미를 유추하는 과정에서 영어의 집이 견고하게 지어지기 때문이다. 그렇지만 영어를 언어로 만나는 과정이 아직 이뤄지지 않은 상황에서 무조건 소리를 주입하는 것은 아무런 의미가 없다.

언어는 신이 인간에게 준 최고의 선물이다. 이 세상에 태어나는 모든 아이들에게 이 언어가 주어진다. 이 '언어'는 무엇보다 '말' 그 자체를 의미한다. 글은 늦게라도 깨칠 수가 있지만, 말은 그렇지 않다. 말을 배우는 데는 시기가 있다. 이 세상에 태어난 아이들은 어느 순간 옹알이를 시작한다. 그러다가 '엄마', '아빠', '맘마' 등의 단어들을 내놓기 시작한다. 이 아이들의 말은 누군가의 말을 그대로 따라하는 모방의 일종이라고 보기 어렵다. 아이들은 정말로 듣도 보도 못한 말들을 하기 때문이다.

예전에 영국 친구 데이브의 이야기를 듣고 매우 놀랐던 적이 있다. 당시 매우 어렸던 아들 잭슨을 조부모의 집에 맡겼던 일이 있는데, 다시 아이를 데리러 갔을 때 데이브 부부를 보고 잭슨이 'mummies'라고 했다는 것이다. 엄마, 아빠를 함께 묶어 부르기 어려우니, 보다 익숙한 단어 'mummy(엄마)'에 둘 이상을 나타낼 때 사용하는 규칙을 활용, '엄마 둘'이라는 단어를 즉석에서 고안해 낸 것이 아닐까 생각한다. 천진난만하지만 깜짝 놀랄 만한 아이들의 언어 사용은 단순한 반복을 통한 모방의 일환으로 보기 어렵다.

영어의 아이들

말하고 싶어요!

　그렇다면 아이들은 왜 말을 배울까? 말은 왜 필요한 것일까? 그 답은 너무나 자명하게도 '사람과 사람이 소통을 하기 위해서'이다. 아이들이 말을 배우는 것은 이런 관점에서 사회적 행동의 하나로 이해할 수 있다. 말을 못하는 아주 어린 아기들도 주변 사람의 반응, 감정에 신기할 만큼 예민하게 반응한다. 예를 들어 어머니가 갑자기 손짓, 표정, 옹알이 등에 반응하지 않고 아이를 멍하니 보고만 있다고 상상해 보자. 아이는 곧바로 불편한 감정을 느끼고 어머니의 관심과 반응을 되찾으려고 이런저런 노력을 할 것이다. 그러다 이것이 뜻대로 되지 않으면 울음을 터뜨릴 것이다. (이러한 실험을 무표정 실험(still face experiment)이라고 한다.)

　주변 사람들과의 상호작용은 아이에게 매우 중요하며, 따라서 아이의 사회성과 언어 습득 사이에도 긴밀한 관계가 있다. 사회성이 좋고 표현 욕구가 큰 아이들은 말을 금방 배운다. 한국인 부모를 둔 에스더는 3살 반에 영국 유치원에 들어가 3개월 만에 영어를 모국어(한국어) 수준으로 능숙하게 구사하게 되었다. 또래 아이들과 놀고 싶은 욕구가 말을 하려는 욕구로 자연스럽게 변한 경우라고 할 수 있다. 이 시기 아이들에게 놀이 언어(play language)의 역할은 그 어떤 상황에서의 언어보다도 중요한 역할을 한다. 때문에 단순히 영어를 많이 보고 듣게 하는 것이 아니라 아이가 상대와 대화하며 상호작용이 이루어질 때, 아이들은 자연스럽게 언어를 습득하고 체화한다.

Tips!

아직 영어의 집이 형성되지 않은 아이에게 영어로 된 애니메이션이나 동영상을 수동적으로 많이 보여 주기만 해서는 영어가 늘지 않습니다. 가족이나 또래 친구들과 소통하고자 할 때, 아이는 그들의 언어를 배우려고 하지요. 때문에 타인과의 상호작용 속에서 자연스럽게 영어를 언어로 인식하고 습득하게 하는 과정이 필요합니다.

6
발음을 얼마나 잘해야 할까요?

영어 발음에 대하여

어린이 영어 학습자의 북미식 영어 발음을 듣고 "와, 이 녀석, 영어 잘하네!"라고 느낀 적이 한 번쯤 있을 것이다. 한국어의 발음과 상당히 다른 언어의 발음을 익히고 따라하는 것은 엄청난 노력을 필요로 하는 일이다. 그러므로 아이의 그러한 성취는 칭찬받아 마땅하다. 문제는 영어를 배울 때 이왕이면 미국식 영어 발음을 구사하는 것이 좋을 것이라고 막연히 생각한다는 점이다. 마치 한국어 발음의 기준이 표준 서울말이듯 미국식 영어가 영어의 표준어라고 여기는 것이다. 그래서 미국 출신의 원어민 발음을 따라하기 위해 많은 시간과 돈을 아낌없이 투자한다. 이에 대해 몇 가지 고민해 볼 만한 부분이 있다.

영어 발음의 다양성

첫째, 영어 발음은 정말 다양하고, 영어를 사용하는 사람도 다양하다.[1] 어떤 발음이 더 정확하고 덜 정확한지는 듣는 사람의 이해 여부에 따라 결정될 뿐이다. 또한 표준 영어를 정의할 때도 발음은 항상 빠져 있다. 그만큼 다양하기 때문이다. 나의 영어를 듣는 사람이 언제나 미국인인 것은 아니기 때문에, 얼마나 미국인과 비슷하게 발음하느냐는 별로 중요한 것이 아니다. 내가 영어로 소통하는 사람이 영어를 구사하는 '세계인'이라는 것을 기억해야 한다. 즉 영어가 모국어인 호주인, 영어가 제1공용어인 싱가포르인, 우리처럼 영어가 외국어인 베트남인 모두가 영어 대화 상대가 될 수 있다.

미국식 영어가 답이 아니에요

둘째, 미국 발음이 정확하고 멋있는 것처럼 들린다는 생각은 한국인만의 생각에 불과하다. 물론 할리우드 영화나 미디어 등 덕분에 미국식 발음이 세계인에게 익숙한 것은 사실이다. 그러나 자녀가 미국식 영어 발음을 구사한다는 이유만으로 국제 사회에서 더 우수한 영어 화자로 간주될 것이라는 믿음은 오산이다. 반기문 전 유엔 사무 총장의 발음은 아주 또렷하고 발화는 유려하다. 세계의 지식인들은 분명 그의 영어를 아주 쉽게 알아들었을 것이다. 하지만 영어 발음이 이상하다고 생각한 한국인이 적지 않았다.

제8대 세계 보건 기구(WHO) 사무 총장 테워드로스 아드하놈 거브러

여수스(Tedros Adhanom Ghebreyesus)는 에티오피아 출신으로 역시 아주 똑똑한 발음으로 세계인을 위한 영어를 유창하게 구사한다. 단언컨대, 두 사람의 영어 발음이 잘못되었다고 생각하는 영어 교사는 없을 것이다. 만일 영어 교사가 그 발음이 잘못되었다고 가르친다면 그것은 국제어로서의 영어가 아닌 미국의 언어를 가르치는 것에 불과하다. 즉 국제어의 최우선 조건은 명확한 의사소통이고, 이를 위해 필요한 것은 알아듣기 쉬운 발음이지 북미식 발음이 아니다. 그리고 우리는 아이들이 이런 '국제어'를 잘 알아들을 수 있도록 가르쳐야 한다.

다양한 영어 악센트에 익숙해지자

셋째, 자녀 혹은 부모 스스로가 처음부터 미국인에게 영어를 배웠기 때문에 미국식 영어에 가깝게 발음한다고 생각하는 것은 착각일 가능성이 크다. 물론 단어 선택이나 발음에 있어 어느 정도 비슷한 면이 있기는 할 것이다. 그러나 대부분의 미국인은 나나 내 자녀의 영어 발음에서 한국식 영어 악센트를 감지할 것이다. 한국인이 한국식으로 영어를 발음하는 것은 지극히 당연한 일이다. 물론 조기 유학으로 미국에서 1년 이상 공부한 초등학생이 미국식 영어 발음에 완벽에 가깝게 구사하는 경우도 있지만 어린 나이이기 때문에 가능한 것이다. 어린이들은 스펀지가 물을 흡수하듯 언어를 흡수하는 마법 같은 능력을 가지고 있다. 그렇다고 이 아이의 영어 발음이 소위 한국식의 영어 발음보다 더 우월하다고 여길 필요는 없다. 한국에서 나고 자란 한국인이 미국 원어민처럼 발음하는 것은 정말 어려운 일이고, 아주 많은 시간과 노력을 필요로 한다. 하지만 미국인처럼 발음하는 것을 영어 교육의 목표로 설정해 시간과 돈을 투자하는 것은 무의미한 낭비에 불과하다. 그보다는 여러 나라 사람들의 다양한 발음과 악센트에 익숙해져서, 국제 사회에서 통용되는 다양한 영어를 이해하는 것이 보다 효율적인 목표 설정이다.

발음이 의사소통의 전부가 아니에요

자녀의 장래 희망이 미국 뉴스 앵커가 아니라면, 어떻게 해야 더 미국인처럼 발음하고 미국인은 어떻게 발음하는지를 파악하겠다는 목표는 이제 잠시 접어두자. 그보다는 다양한 영어 발음을 들어서 익숙해지고 서로 다른 발음을 비교하고 분석할 줄 아는 능력을 기르는 것을 발음 교육의 목표로 삼는 것은 어떨까? 영어 교육 전문가들은 흔히 영어 발음 모델의 중요성을 강조한다. 그리고 우리나라 영어 교육은 북미식 영어 발음을 모델로 채택했다.

이는 참고 모델에 불과할 뿐 절대적인 것이 아니다. 발음 교육을 진행하면서 아이가 이런 식의 질문을 던질 수 있게 해야 한다. "미국 선생님은 이 단어를 이렇게 발음하는데, 호주 선생님, 필리핀 선생님은 이런 식으로 발음하네. 그럼 싱가포르 사람은 내가 이렇게 발음하면 알아들을 수 있을까?" 어떤 단어를 발음했을 때 상대가 못 알아들었다면 반드시 메모해 "내 발음을 상대가 왜 알아듣지 못했을까?" 자문하고 고민해 보자. 233쪽에 제시한 여러 나라의 영어 발음을 확인할 수 있는 인터넷 사이트 목록이 참고가 될 것이다.

또한 기억해야 할 것은 대화 상대가 영어 발음을 이상하게 여기기 때문에, 혹은 오로지 발음 때문에 영어 의사소통에 실패할 확률은 아주 낮다는 점이다.[2] 또박또박 천천히 발음한다면 대부분의 상대는 우리 영어를 아주 잘 이해할 수 있다. 세계인은 한국에서 미국식 영어를 집중적으로 연마한 우리보다 훨씬 폭넓고 다양한 영어에 익숙하기 때문이다.

한국어와 영어 발음의 차이점을 알아두자

사실 한국어의 발음은 영어의 발음과 아주 큰 차이가 있다. 그러므로 한국인이 영어의 소리를 똑같이 흉내 내어 발음하는 것은 아주 어려운 일이다. 한국인은 한국어에 없는 소리를 한글로 표기하거나, 한글의 자음과 모음 소리에 연결해서 발음하려는 경향이 있다. 가장 많이 사용되는 자음의 예가 'p'와 'f'이다. 한글로는 모두 'ㅍ'으로 표기된다. 예를 들어 'fen(늪지)', 'pen(펜)'은 다른 단어이지만, 한글로는 똑같이 'ㅍ'으로 표기되어 헷갈리는 것은 당연하다. 'pen'을 사용해야 할 상황에서 'fen'으로 발음했다고 부끄러워할 필요는 없다. 문맥을 파악할 줄 아는 사람이라면 'pen'으로 알아들었을 것이다.

또 다른 예로 v와 b는 'ㅂ'으로 표기하고 인식한다. 그런데 우리가 사용하는 /ㅂ/가 외국인의 귀에는 /p/와 가깝게 들릴 수도 있다. 그래서 부산을 'Pusan'으로 표기하고, 성씨 '박'을 'Bark' 대신 'Park'이라고 쓴다. 즉 한글 '비읍'은 영어의 세 가지 자음 'v, b, p'를 모두 표기할 수 있다. 마찬가지로 한국인이 어려워하는 자음으로 'z'가 있다. 'z'에 관련된 발음은 흔히 'ㅈ'으로 표기하는데, 영어의 'g, j'뿐만 아니라 흔히 말하는 번데기 발음 '[θ]'도 얼핏 들으면 /ㅈ/로 들리고 종종 '지읒'으로 표기한다. 모두 같은 소리이지만 영어권 사람들에게 'z, g, j, [θ]'는 아주 다른 네 가지 소리로 인식된다. 영어 발음이 어려운 건 당연한 일이다. 물론 그럼에도 불구하고 'p-f, v-b-p, z-g-j-[θ]' 발음이 다르다는 것을 인지하고 올바르게 발음하려는 노력하는 자세는 중요하다.

이처럼 다른 소리에 귀와 혀를 익숙하게 만들어 줄 필요가 있다. 서로 다른 영어 소리는 인터넷(233쪽 참조)에서 아주 쉽게 찾을 수 있다. 인터넷을 통해 쉽게 접할 수 있는 케임브리지 영어 단어 사전은 영국식 발음과 미국식 발음 두 가지 모두를 제공한다. 우리에게 비슷하게 들리는 소리가 어떻게 다른지 들어보고, 자신의 영어 발음과 비교를 해 보는 습관을 기르자. 그러다 보면 특히 모음의 소리가 영어의 종류에 따라 조금씩 다르다는 점을 서서히 느낄 수 있다. 그러고 난 뒤에는 자신의 영어 발음이 이들 사전에서 제공하는 발음과 어떻게 다르고 비슷한지 분석해 보자.

Tips!

영어 발음은 아주 다양하고 표준 발음이란 것은 없습니다. 그러니 한국식 영어 발음 역시 다양한 영어 악센트 중 하나라는 것을 명심하세요. 우리에게 익숙한 미국식 영어 발음만이 정답이 아닙니다. 존재하지 않는 정답을 설정해 무엇이 맞고 틀린지에 집착하지 말고, 국제어인 영어의 다양한 발음에 익숙해지는 것이 좋습니다.

영어의 아이들

7
파닉스,
효과가 있을까요?

파닉스란?

한국 사회는 파닉스 교육을 영어 공부의 만병 통치약처럼 여기고, 엄청난 돈과 시간을 투자하는 경향이 있다. 파닉스 위주의 시간표를 내세워 학부모에게 광고하는 영어학원의 교과 과정을 실제로 살펴보면 전반적인 영어 교육을 하고 있는 경우도 흔하다. 그럼에도 영어학원들이 파닉스 간판을 고집하는 것은 그만큼의 광고 효과가 있기 때문일 것이다.

파닉스 학습이란 무엇인가? 예를 들어 't'는 한글 자음인 'ㅌ'과 비슷한 소리로 발음되고 'h'는 'ㅎ'과 비슷한 소리로 발음되는데, 't'와 'h'가 같이 쓰이면 /θ/(ㄷ/ㄸ)로 /ð/(ㅅ/ㅆ)로 변형된다. 인도나 싱가포르에서는 이 'th'가 우리가 듣기에 'ㅌ'과 비슷한 소리로 변한다. /θ/를 (ㄷ/ㄸ)으로, /ð/를 (ㅅ/ㅆ)라고 표기했지만, 사실 한글로 표기하기에 /θ/와 /ð/는 참으로 애매한 소리이다. 이러한 생소하고도 애매한 소리에 친밀감을 느끼게 하면서

글자의 기본 소리와 소리 변형 원리를 가르치는 것이 파닉스 영어 학습의
목표이다.

이처럼 영어 알파벳의 기본 소리를 알고, 알파벳의 조합에 따라 달라
지는 소리의 규칙을 익히는 것은 영어 학습의 기초를 이루고, 영어를 쉽게
접근할 수 있도록 만들어 주는 중요한 수단이다. 그럼에도 불구하고, 파닉
스 학습이 마치 영어 학습의 전부인 것처럼 광고하는 것은 문제가 있을 수
있다. 4장(어떻게 하면 영어에 흥미를 가질까요?)에서도 언급했듯이 영어의 발
음은 국가 및 지역에 따라 많은 차이가 있다. 하다못해 '파닉스'만 해도, 어
떻게 발음하느냐에 따라 포닉스, 퐈닉스, 파닉스라고 들리고 제각각 다른
표기가 가능하다.

그림 7-1 캐나다 출신 여자아이(2세)가 알파벳북을 보고 있다.

영어의 아이들

반복보다 기본 원리 이해

파닉스 학습에서 가장 중요한 것은 반복이 아닌, 기본 원리를 이해하고 적용할 수 있는 능력을 기르는 것이다. 그 이후에는 영어의 소리(음소)가 한국어의 소리와 어떤 차이를 지니는지, 소리끼리 만나 일어나는 변화의 원리가 한국어와 어떻게 다른지를 자율적이고 지속적으로 분석하는 습관이 자리 잡아야 한다. 사실 파닉스는 원어민도 초등학교 1학년이 되어야 집중적으로 배운다. 그만큼 어렵고 복잡하고 예외가 많기 때문이다.

예를 들어 파닉스의 '스'에 쓰인 'ㅡ' 모음은 한글 표기에 맞게끔 실제 영어 단어에는 없는 소리를 인위적으로 넣은 것이다. 한글로는 3음절로 표

그림 7-2 3세 아이가 /p/ 소리가 들어가는
단어 그림을 색칠하며 /p/ 소리를 익히고 있다.

기되지만 영어 사용자들에게 이 단어는 2음절이다. 이러한 음절의 차이를 극단적으로 확인할 수 있는 또 다른 예로 학생(student)이라는 단어를 살펴보자. 한국인들에게 이 단어는 스튜던트, 스투던드 또는 스투든트라는 4음절로 종종 표기되지만 이 단어 또한 원어민에게는 2음절 단어이다. 영어는 자음과 자음 사이에 모음 없이 발음되는 경우가 흔하지만, 국어는 모음 없이 어떤 자음도 발음할 수 없기 때문이다. 첫 글자인 's'는 자음 'ㅅ'으로 바뀌고 이때 '으'를 붙여야 그 소리가 완성되고, 't'의 한글 대응 철자인 'ㅌ' 역시 모음을 넣어야 그 소리가 완성되는 게 한글의 특징이므로, 2음절 단어 'student'를 한국인들은 '스튜던트'의 4음절로 표기하고 발음한다.

한편 한글의 모음은 위치에 따라 그 소리(음가)가 변하지 않지만 영어는 자주 바뀐다. 예를 들어 'ㅏ'는 위치 혹은 앞뒤 자음에 관계 없이 항상 'ㅏ'라는 본연의 소리를 내지만 영어는 그렇지 않다. 영어는 모음에 해당하는 5개의 기본 알파벳 'a, e, i, o, u'와 때때로 'y'가 14~15개의 모음 소리를 낸다고 본다. 이것은 미국식 영어의 경우이고 다른 국가의 영어를 합치면 모음 소리는 더욱 다양해진다.

여기에 영어의 이중 모음(diphthong)까지 더해지면 어려움은 배가 된다. 이 발음이 또한 나라마다 다를 수도 있다. 예를 들어 영어의 'toe(발가락)' 단어는 영국식 영어에서는 /təʊ/, 즉 우리 발음의 '토우'와 좀 더 가까운 소리를 내지만, 미국식 영어에서는 /toʊ/, 즉 우리 발음의 '터우'와 좀더 가까운 소리가 난다. 싱가포르식 영어에서는 흔히 말하는 장모음 '이-'와 단모음 '이' 소리가 영국식, 또는 미국식 영어와 다르다. 이러한 다양한 모음 소리와 그 조합들은 원어민들도 어려워 하는 경우가 종종 있다.

생소한 단어라면 원어민 역시 애를 먹기는 마찬가지다. 나는 영어식 이름을 사용하지 않고 'Hyejeong'이라고 표기해 왔다. 고백하자면 원어민에게 극심한 혼란을 주는 철자였다. 미국의 제46대 부통령 카멀라 데비 해리스(Kamala Devi Harris) 역시 평생 미국인들이 자신의 이름을 매번 다르게 발음하는 것을 들어온 끝에 유튜브를 통해 어떻게 자신을 부르는지 알려야 했을 정도였다.[1] 즉 영어의 발음은 항상 원칙에 따르는 것이 아니고, 새 단어를 발음하는 것은 때때로 원어민에게도 어려운 일이다.

인터넷을 이용한 다양한 파닉스 학습

앞에 나온 단어들의 소리가 궁금하면 지금 바로 인터넷 검색 엔진에서 개별 단어의 소리를 들어보자. 파닉스 공부는 온라인이나 멀티미디어를 활용해서 아주 쉽게 할 수 있다. 학원에 가는 것보다 온라인 파닉스 학습이 더 효과적이라고 생각하는 이유이기도 하다. 시중에서 쉽게 구할 수 있는, 흥미롭고 적합한 수준으로 보이는 파닉스 책을 구매해 거기에 소개된 단어의 발음을 인터넷으로 찾아 소리를 금방 들어보자. 그리고 자녀들이 내는 소리를 핸드폰으로 저장한 뒤, 비교해 보면서 차이점을 찾아보는 것이 그 첫 단계이다. 233쪽에 소개된 웹사이트를 이용하면 쉽게 접근할 수 있을 것이다. 부모들도 자녀와 함께 하루에 10분씩 주 5일, 한 달 동안 파닉스를 함께 공부하며 기초를 다지는 좋은 기회가 될 것이다.

이때 파닉스 학습에서 중요한 것은 반복이 아닌, 원리와 규칙을 이해하는 것임을 기억해야 한다. 영어는 규칙과 함께 예외도 아주 많은 언어이다. 그 예외를 한 번에 다 익히는 것은 불가능하며, 이를 하나씩 차근차근 알아가는 것은 영어를 재미있게 공부하는 방법 중 하나가 될 것이다. 그리고 나라마다 'phonics'의 소리가 정말 다르다는 점을 항상 기억하자.[2] 자신의 모음 발음이 북미 또는 교과서에 나오는 발음과 똑같지 않다고 실망할 필요가 없다. 사실 북미 영어로 쓰인 교재의 파닉스에만 익숙해지면 세계화 시대의 다양한 파닉스를 이해하는 데 어려움을 겪을 수 있다.

파닉스를 짧은 시간에 정복하는 것은 매우 어려운 일이다. 나는 20년 동안 영어 학습에 몰두했지만, 여전히 새 단어를 보면 그 단어의 발음을 확인하고 또 연습해 본다. 파닉스는 평생 공부인지도 모른다. 하지만 기본을 익히고 이해하면 웬만한 영어 단어를 읽고 듣는 것에는 무리가 없을 것이다. 매일같이 새로운 단어를 접하고 발음을 들어보자.

Tips!

무조건적인 반복보다 파닉스의 기본 원리를 이해하고 적용하는 것이 가장 중요합니다. 또한 영어의 소리와 한국어의 소리, 소리끼리 만났을 때 변화의 원리가 한국어와 어떻게 다른지 분석하는 자율적이고 지속적인 습관도 아주 중요하지요. 마지막으로 교과서 발음과 반드시 똑같지 않아도 된다는 점을 꼭 기억하세요. 영어 발음은 정말 다양하기 때문입니다.

영어의 아이들

8
영어 읽기와 쓰기는
어떻게 해야 하나요?

언제 시작하든 좋은 영어 읽기

모국어가 아닌 언어의 읽기/쓰기 학습은 듣기/말하기가 어느 정도 가능해진 뒤, 해당 언어가 재미있게 다가오는 시점에 시작하는 것이 적절하다. 영어는 언어이고, 언어는 상대방과 효과적인 의사소통을 하기 위한 도구이다. 영어 교육의 가장 중요한 목표는 그러한 도구의 습득이라는 것을 항상 기억해야 한다.

먼저 영어 읽기에 대해 이야기해 보자. 사실 영어 읽기는 언제든 시작해도 좋다. 파닉스를 먼저 익힌 뒤 읽기를 시작하는 것이 좋다는 사람들도 있지만, 아이가 파닉스를 잘 모른다 할지라도 오디오와 비디오를 함께 접할 수 있는 e북으로 읽기를 시작할 수 있다. 처음부터 무턱대고 많은 동화책을 읽게 하는 것보다는, 아이가 흥미를 보이는 주제의 콘텐츠부터 노출하는 것을 권하고 싶다. 영어 문장이 아주 짧은 그림책부터 소개할 수 있다.

아이에게 맞는 영어책

원문을 읽어야 한다는 이유로 초등학교 고학년에게 원어민 저학년용 책을 읽히면 대번에 흥미를 잃게 될 위험이 있다. 현지 어린이를 위한 현지 출판사의 읽기 교재는 해당 연령의 발달 단계에 맞추어 제작되기 때문에 고학년에게는 시시하게 느껴질 수 있다. 연령에 적합한 책을 고르되 언어 사용이 아이의 영어 실력에 맞추어진 책을 구할 수 있으면 가장 좋다. 한국에서 출판된 많은 영어 책들이 원문을 좀 더 '쉬운' 영어로 다시 쓴 책들이 많다. 만약 자녀의 영어가 원어민의 영어 실력보다 조금 떨어진다고 생각하면, 비싼 비용을 들여서 원문을 사는 것보다 한국에서 한국 학생들의 실력에 맞게끔 교정된 책을 읽는 것이 더 효과적일 것이다.

다양한 장르의 책을 권하자

무작정 동화책만 읽는 것이 아니라 논픽션도 함께 권하는 것이 중요하다. 동화는 픽션, 즉 문학의 한 장르이다. 여러 가지 면에서 잡지나 뉴스, 백과사전 등의 논픽션과 다르다. 픽션은 상상을 바탕으로 만들어 낸 이야기와 대화가 대부분을 차지하고, 이야기를 전달하는 과정에서 은유와 비유법을 상대적으로 많이 사용한다. 하지만, 논픽션은 사실을 바탕으로 쓰여진 글로, 대부분 직접적으로 전달하는 방식을 택하기 때문에 문학적인 기교는 피하기 마련이다. 주로 사용하는 어휘 또한 서로 다르다. 예를 들어 논픽션에서는 좀 더 전문적이고 기술적인 어휘를 접할 수 있다.

아이가 미래에 일상 속에서 영어를 사용할 환경을 가정해 보자. 픽션

그림 8-1 루카스(7세)의 독서 삼매경.
3세부터 꾸준히 여러가지의 책을 읽는
습관을 길러, 지금은 하루에 2~3시간씩 넘게
여러 종류의 책을 즐겨 읽고 있다.

그림 8-2 책 고르는 재미. 3세인 제이디는
유치원에서 돌아오자마자 자신이 읽고 싶은
책을 고른다.

보다는 논픽션을 훨씬 더 자주 접하지 않겠는가? 물론 픽션과 논픽션을
골고루 읽는 것이 가장 이상적이다. 그러나 아이에 따라서는 동화책에 큰
관심이 없을 수도 있다. 그렇다면 미련을 두지 말고 아이가 좋아하는 주제
를 다루고 있는 어린이용 잡지나 특정 분야의 백과사전을 권해 보자. 예를
들어 공룡을 좋아하거나, 자동차에 지대한 관심을 가진 아이라면, 관련 주
제의 어린이용 논픽션 읽기 자료를 찾아보자. 아주 훌륭한 영어 읽기 교재
가 되어 줄 것이다.

영어 쓰기는 왜 필요한가?

아이가 미래에 영어로 작문을 해야만 하는 상황은 언제일까? 영어권 국가에서 학업을 진행하거나, 대학 졸업 이후 사회 생활을 하면서 외국인들과 업무 관련 이메일을 주고받는 경우 정도일 것이다. 혹은 진학이나 취직을 위해 영어 시험(TOEFL, IELTS 등)을 준비해야 할 수도 있다. 그러나 이러한 상황에 대비한 영어 쓰기를 초등학생 이하 어린이에게 가르칠 수는 없다. 그러다 보니 초등 저학년 이하 아동의 쓰기 교육에 많이 동원되는 것이 '일기 쓰기'이다.

일기 쓰기는 어떻게 해야 할까?

일기는 그중에서도 과거에 있었던 일을 회상하면서 쓰는 글(recount)에 속한다. 과거 시제 사용과, 사고나 논리적 흐름보다는 시간이나 사건 순서에 따른 전개 방식에 익숙해질 수 있는 장르이다. 초등학생 대부분의 영어 쓰기 교육에 일기가 동원되고 있지만, 내 의견은 약간 다르다. 영어 일기를 매일 쓰게 하면 영어로 표현 가능한 반복적이고 단순화된 이야기 위주로 칸을 채우는 데 급급하게 될 가능성이 높다. 그러므로 일주일 중 가장 기억에 남을 만한 하루를 골라 주간 영어 일기 쓰기를 권하고 싶다. 이때, 결과물이 문법적으로 맞는지 틀린지가 아닌, 그것이 무엇에 대한 이야기인지에 관심을 가지는 것이 지속적인 영어 일기 쓰기에 도움이 된다. 문법을 반드시 확인하고 싶다면, 일기에서 반복되는 동사 과거 시제의 올바른 사용에만 집중하자.

영어로 에세이를 쓰려면?

　한국에서 주로 하는 영어 작문 교육은 흔히 5절 기준 즉 서론(1절), 본론(3절) 그리고 결론(1절)의 형식으로 구성된, 300~400단어 길이의 에세이 쓰기 훈련에 집중한다. 에세이 쓰기는 각 문단에 중요 내용을 두괄식으로 표현하고 근거를 제시하며 상술하는 식으로 논리적 영어 글쓰기의 특징을 익힐 수 있는 좋은 장르의 글쓰기이다. 다만 시험 대비용 교육에 불과하다는 것을 기억하자. 시험 상황이 아니라면 5절의 에세이를 쓸 경우는 별로 없기 때문이다. 그보다는 여러 장르의 영어 쓰기를 고루 시도하면서 각 장르별로 문법 연습은 한 가지만 집중하자. 예를 들어 일기 쓰기라면 영어 동사의 과거 시제 사용, 사물 묘사하기라면 묘사에 동원되는 단어 실력 향상을 목표로 삼자. 하지만 영어 에세이 쓰기라면, 내부분 현재 시제나 현재 완료 시제 정도만이 동원되기 때문에 시제 공부에는 그리 도움이 되지 않을 것이다. 계란 프라이 만들기, 볶음밥 만들기처럼 요리법 설명문 쓰기는 여러 종류의 동사를 집중적으로 훈련할 수 있는 장르이다.

다양한 장르의 글 쓰기

　액션, 로맨스, 스릴러, 추리물, 역사물 등 우리는 영화나 소설을 장르로 구분하는 것에 익숙하다. 서로 다른 장르의 영화나 소설을 접할 때 우리는 서로 다른 특징과 구성 체계를 기대한다. 영어 쓰기 역시 마찬가지다. 장르마다 그 형식이 아주 분명하다.[1] 이메일, 에세이(논문), 대학에서 필요한 학문적 논문(academic writing), 보고서(report writing), 줄거리가 있는 이야기(narrative), 묘사하는 글(descriptive writing) 등은 저마다 장르에 따른 특징이 명확하고 갖춰야 할 자질이 다르다. 제46대 미국 대통령 조 바이든 (Hoseph Robinette Biden Jr.)의 부인인 질 바이든(Jill Biden) 박사가 대학에서 학문적 논문 쓰기를 가르쳤던 것은 잘 알려져 있다. 그처럼 영어 쓰기의 장르는 서로 엄밀하게 분류되고 각각의 장르에 어울리는 쓰기 교육이 초등학교에서부터 이뤄진다.

쓰기 교육 과정에서 에세이, 일기 등 한 종류의 글쓰기를 강요할 필요는 없다. 여러 장르에 걸친 쓰기를 시도하는 과정에서 더 재미있게 영어 실력을 향상하는 것이 목표가 되어야 한다. 다양한 장르와 주제를 섭렵하면서 아이가 흥미를 표현하는 분야를 위주로 쓰기 교육을 진행하자. 그리고 말하기, 읽기, 어휘 실력이 어느 정도 도달했을 때 영어 쓰기를 시작하는 것이 가장 효과적이다.

Tips!

읽기 자료는 아이가 좋아하는 주제 중에서 아이의 연령에 맞을 만한 수준으로 마련하세요. 이때 그림책이나 동화책은 물론 논픽션까지 여러 장르의 글을 읽을 수 있는 기회를 주면 좋습니다. 쓰기는 말하기와 듣기, 읽기가 어느 정도 이루어진 뒤에 시작하는 것이 좋습니다. 다양한 장르의 쓰기를 두루 경험하되, 장르별로 문법은 딱 한가지만 집중합니다.

영어의 아이들

9
문법 공부,
얼마나 필요할까요?

아이는 성인과 다른 방식으로 언어를 습득한다

9장은 초등학교 저학년 혹은 그 이하 연령의 학습자에게는 해당되지 않는 내용임을 미리 밝힌다. 만일 아이가 초등학교 고학년에 이르지 않았다면 건너뛰어도 좋다. 그때까지는 영어를 게임, 그림책, 영화, 만화를 통해서만 접하도록 하고, 문법에 대한 언급 자체를 피하는 것이 좋다.

성인은 외국 기업 취직 또는 진학 등의 뚜렷한 목적을 가지고 외국어 교육에 임하기 마련이다. 반면 어린이는 부모나 주위 친구들을 통해 외국어를 접하게 된다. 별다른 목적 의식 없이 영어를 대하는 경우가 대부분일 것이다. 그러므로 영어는 무조건 재미있는 것으로 남아야 한다. 이때 문법을 들먹인다면 영어가 흥미진진한 도구, 즉 언어가 아닌 지루한 학습과 시험의 대상으로 전락할 우려가 있다.

문법은 영어 소통에서 하나의 재료일 뿐

언어에서 문법은 효율적인 의사소통을 위해 필요한 여러 가지 재료 중 단 한 부분에 불과하다. 과거에는 문법을 정확하게 구사해야만 영어를 잘할 수 있다고 여겼던 것 같다. 과연 그럴까? 문법을 지키지 않아서 오해를 불러올 수 있는 상황이 있고, 문법을 정확히 구사할 때에만 전달할 수 있는 미묘한 뉘앙스가 존재하는 것도 사실이다. 그러나 대부분의 경우 영어 실력은 정확한 문법 구사력이 아닌 맥락을 고려할 줄 아는 의사소통 능력을 의미한다. 즉 문법은 효과적인 의사 전달의 한 부분에 불과하다. 게다가 문법에 맞지 않는 의사 전달이 더 효과적인 경우도 많다.

아주 흔한 예로, "long time no see.(오랜만이에요.)"도 문법에 맞지 않는 표현이지만, 문법에 맞는 "I have not seen you for a long time." 표현보다 더 효과적이다. 또 다른 표현으로 누군가 커피를 권했을 때, 사양하고 싶을 경우, "커피 벌써 두 잔 마셨어요."의 정확한 문법적 표현은 "No, thank you. I have already had two cups of coffee."이지만, "No, thank you. I had two already."라고 대답해도 이 상황에서 의사 전달에는 아무런 문제가 없다. 중요한 것은 문법에 맞는 표현이 아닌, 문맥에 맞는 표현이다.

문법을 많이 안다고 훌륭한 영어 사용자가 되는 것이 아니다!

영어의 문법을 많이 안다고 해서, 영어를 효과적으로 사용할 수 있는 것은 아니다. 문법은 언어의 규칙이고, 규칙은 요령껏 적용하면 그만이다. 야구의 복잡한 규칙을 남들보다 잘 꿰고 있다는 것만으로 훌륭한 야구선

영어의 아이들

수가 될 수 있을까? 뛰어난 야구선수는 규칙을 넘어 기술과 체력, 그리고 규칙을 이해해 유연하게 적용할 줄 아는 능력을 겸비해야 한다. 영어 문법 교육의 최종 목표 역시 풍부한 문법 지식 그 자체가 아니다. 알고 있는 문법을 적재적소에서 반드시 사용할 수 있게 되는 것이 목표다. 언어를 잘 사용하기 위해서는 반드시 알아야 하는 규칙, 즉 영어의 문법을 자유자재로 구사하기 위한 효과적인 방법은 무엇일까?

우선 기억할 것은 반복과 활용이다. 하나의 규칙을 배우면 그것을 반복해서 활용하자. 예를 들어 'enjoy'는 '-ing' 형태의 동명사(동사의 성질로 명사의 역할을 하는 단어)를 목적어로 취한다는 것을 배운 직후 'enjoy'가 들어간 문장을 말하고, 듣고, 읽고, 쓰는 연습을 배치하는 식이다. 이때 게임과 노래로 만들어 반복 효과를 낼 수 있다면 더욱 좋다. 이 과정에서 한 가지씩 규칙을 제시한 뒤 활용하는 데 집중해야 한다. 하루에 한 가지 문법 항목만을, 유사한 문법 항목을 일주일에 걸쳐 살펴보는 식으로 말이다. 어제 목적어로 '-ing' 형태를 사용하는 'enjoy'를 배웠다면 오늘은 그처럼 '-ing' 형태를 목적어로 쓰는 또 다른 동사를 배우고 활용할 수 있다. 이를 3, 4일 동안 지속한 뒤에는 목적어로 to 부정사를 취하는 동사로 넘어가자. 그렇게 문법을 배운 직후에는 활용하는 연습이 반드시 이어져야 한다. 활용할 수 없는 문법 지식은 오래가지 못한다. 눈 깜짝할 사이에 있으나마나 한, 혹은 있다는 것을 인지하지도 못하는 단편적 지식에 그치게 된다.

전화는 받는 것인가 대답하는 것인가?

사실 동명사, to 부정사의 정의와 구분보다 중요한 것은 각각의 형태가 사용되는 맥락, 즉 연어(collocation, 어떤 언어에서 특정한 뜻을 나타낼 때 흔히 함께 쓰이는 단어들의 결합) 지식을 인지하고 활용하는 것이다. 주로 함께 사용하는 표현을 묶어서 학습하자. 예를 들어 한국어로는 '전화를 받는다.'가 자연스럽지만 영어로는 'answer the phone'이라고 말한다. 즉 한국어 모어화자들은 전화를 '받'지만 영어 화자들은 전화에 '대답'한다. 전화와 연어를 이루는 것은 'answer(대답하다)'이기 때문이다. 일련의 반복적인 제시와 활용을 통해 '전화는 대답하는 것'임을 익혀야 한다.

일상적인 기본 회화에서 이러한 연어 지식이 차지하는 비중은 매우 크고, 어떤 의미에서 문법 지식보다 중요하고 활용도가 높다고도 볼 수 있다. 한국어는 옷을 '입는다.', 모자를 '쓴다.', 신발을 '신는다.', 허리띠를 '매다.' 등 옷, 모자, 신발, 허리띠 등의 옷가지에 따라 서로 다른 (착용)동사를 사용한다. 반면 영어는 'wear', 'put on'과 같은 동사(구)로 이 모든 것을 해결할 수 있다. 단지 각각 입고 있는 상태와 입는 동작을 나타낸다는 점이 다르다. 이처럼 한국어와 영어가 서로 다르게 사용하는 전형적인 표현, 연어 지식을 기억해야 한다.

연어 지식을 익히는 과정에서 영어와 한국어 표현의 차이점을 발견하는 습관은 매우 중요하다. 예를 들어 우리는 비가 '쏟아진다.', '내린다.', '온다.'라고 말할 때 과연 영어는 어떤 동사를 사용할까 고민해 보는 식이다.

호랑이 선생님, 호랑이 엄마

한국인은 아주 엄한 교사를 호랑이 선생님이라고 지칭하는 것에 익숙하다. 영어로는 어떻게 표현할까? 'tiger teacher'일까? 흥미롭게도 영어에

영어의 아이들

서는 교육열이 아주 높은 어머니를 일컬을 때 주로 동원될 뿐, 교사를 묘사할 때는 잘 등장하지 않는다. 즉 'tiger'를 비유적으로 사용하는 방식에 있어 영어와 한국어가 서로 다르다. 한국인들에게 지극히 일상적인 부모라도 외국인들에게는 타이거 맘(tiger mom)으로 불릴 수 있는데, 단어의 절대적인 의미보다 상대적인 의미를 생각해 보자.

타이거 맘이란 표현은 미국 작가인 에이미 추아(Amy Chua)의 『타이거 마더(Battle Hymn of the Tiger Mother)』에서 사용된 후 주로 아시아 부모의 교육열을 비꼬아서 많이 쓰는데, 그 사용도 사람마다 나라마다 다르다. 한국인이 생각하는 타이거 맘과 베트남 사람들이 생각하는 타이거 맘, 그리고 미국인, 호주인들이 생각하는 타이거 맘의 기준은 어떻게 다를까? 중요한 것은 영어의 의미는 변하고 또한 자신이 그 변화의 주인공이니, 자신의 기준에서 누가 타이거란 표현이 적절할지 한 번 고민해 보자.

한국어와 영어가 서로 다른 맥락에서 어떻게 다른 표현을 사용하는지 인지하고 아이와 함께 답을 찾아가는 과정이 영어 문법 학습의 기조가 된다면 어떨까? 이때 'tiger teacher'가 틀린 표현이라는 식이 아니고, 또한 누구를 'tiger mom'으로 부를지 아닐지, 그러한 언어 사이의 차이가 얼마나 흥미진진한지 함께 이야기한다면 더 이상 영어는 지루하기만 한 공부의 대상이 아닐 것이다.

영어 문법 완벽 구사의 꿈

모든 문법을 완벽하게 구사해야 한다는 강박을 버리자. 'the', 'a(n)' 같은 관사는 영어 문법 최후의 극복 대상처럼 여겨지기 마련이다. 그러나 관사를 불완전하게 사용한다고 해서 자책하지 말자. 규칙이 존재하기는 하지만 불규칙과 예외 또한 너무 많기 때문에 이를 문법적으로 학습해 마스터하는 것은 거의 불가능하다. 'a great many students', 'a hearty congratulations' 표현에서 어떻게 관사(a)와 복수 명사가 같이 쓰였는지, 문법 학자라고 완벽하게 설명할 수 있을까? 그저 영어를 오랫동안 사용하면 어느 정도 '느낌'이 올 것이다. 그러므로 관사의 용법은 기본을 숙지하는 것으로 충분하다.

마지막으로 당부할 것은 문법 교재는 두께가 아닌 기본에 충실한지의 여부를 기준으로 골라야 한다는 점이다. 얇은 교재에 설명된 문법만으로도 영어를 효과적으로 구사하는 데는 아무런 무리가 없다. 불필요하게 많은 문법 항목을 다루기보다는 많은 예문을 다양하게 제시하는 교재를 권하고 싶다. 해당 문법이 어떻게 쓰였는지를 알고, 이를 다양한 맥락에서 활용해 보는 과정이 바로 효과적인 문법 공부이다. 두꺼운 문법책이 다루는 정보의 대부분은 영어 학자에게나 필요할 뿐, 일상생활에 직업적인 맥락에서 영어를 사용하는 이들에겐 불필요한 소음에 불과할 것이다.

Tips!

문법은 평생에 걸쳐 학습해야 할 대상, 영어를 효과적으로 구사하는 데 중요한 도움을 주는 재료 중 하나입니다. 모든 문법을 완벽하게 구사해야 한다는 강박을 버리세요. 지루하게 느껴질 수 있는 문법을 게임과 노래를 통해 반복하고 활용해야 합니다. 매일같이 조금씩 한국어와 영어, 두 언어의 차이점을 인지하고 비교 분석하는 습관을 길러 보세요.

영어의 아이들

10
단어를 어떻게 배워야 할까요?

칫솔이 영어로 뭐라고 그랬지?

영어학원에 다니는 초등학생들이 매번 100~200개씩 영단어를 외워서 시험을 보고, 통과를 못하면 재시험을 위해 늦은 밤에도 학원에 남는다는 이야기를 들었다. 과연 이런 방식은 얼마나 효과적일까?

어린아이가 새로운 단어를 학습할 때는 실제적인 맥락 속에서 단어의 소리와 의미를 추출해 낸다. 그리고 역시 적절한 맥락을 통해 그 단어를 접하는 횟수가 늘어나면 완전히 학습을 하게 될 가능성이 높아진다. 즉 영유아가 모국어의 수많은 단어들을 습득할 때 명시적인 암기 과정은 일어나지 않는다. 이들에게 단어는 암묵적인 방식으로 정신적 사전, 즉 심성어휘집(lexicon)에 축적되어 가는 것이다. 학습자가 어린 아동이라면 제2언어에도 같은 과정이 적용되는 것이 자연스럽고 가장 바람직하다. 일상 생활에서 제2언어의 새로운 단어를 접하고 자연스럽게 소리와 의미를 알아 가는 것이다.

물론 유리한 환경에서의 이중 언어 습득이 아닌 제2외국어 학습이라면 일상 생활만을 통한 어휘 습득으로는 부족하다. 모국어 이외에 새롭게 배우는 언어의 단어들에 노출되는 경험이 부족할 수밖에 없기 때문이다. 이미 모국어 단어 습득의 경험이 있는 아이들이 영어를 배우면서 영어 단어에 관심을 갖게 되는 것이 중요하다. "사과는 'apple'이야. 칫솔이 영어로 뭐라고 그랬지?"처럼 부모나 교사가 먼저 한국어-영어 단어를 일대일로 주입하지 않아야 한다.

자연스럽게 영어 단어를 접할 수 있도록 노래, 만화, 영화, 그림책, 포스터, 놀잇감 등을 활용하는 것이 좋다. 아동이 영단어를 듣거나 보고 뜻을 궁금해하면 말해 주면 된다. 그리고 아이가 이미 접해 본 단어를 잘 기억해 두고 적절한 맥락에서 반복적으로 사용하는 것이 좋다. 읽기의 수준이 올라가면 어휘력도 함께 늘어나므로, 아동의 수준에 맞는 책을 꾸준히 읽도록 도와주는 것이 매우 효과적이다.

외우지 않아도 돼요

영어 단어를 부지런히 외우지 않아도 된다고? 대한민국 학부모로서 이런 신념을 갖기는 쉽지 않은 게 사실이다. 나는 14년간 아이를 키우면서 확신을 가질 수 있었다. 유치원을 포함해서 영어학원에는 가본 적이 없는 아이라 영단어를 외운 적도, 시험을 본 적도 없었으나 현재 영어 어휘력에는 전혀 문제가 없어 보이기 때문이다. 아들의 영어 관련 경험을 공개하자면 우리 부부의 단기 유학과 연구 휴가 동안 미국에서 총 10개월을 보냈고, (4~5세) 학원에 안 가는 대신 초등학교 방학마다 싱가포르 캠프에서 운동하며 놀았다. 그리고 7년 반 동안 (6~13세) 교포 원어민 선생님과 일대일로 주 2시간 대화하며 영어를 익혔다. 운 좋게도 정말 성실하고 좋은 선생님을 만났다. 처음에 어떤 교육 방식을 원하는지 물어올 때 그냥 그림책을 읽어 주고 놀아달라고 했다. 아이 방 책꽂이에 다양한 영어책을 구비하고, 학년이 올라가면서 싱가포르 서점에 다니며 구한 읽기와 쓰기 교재도 꽂아 두었더니, 선생님과 아이가 하나씩 활용하고 있었다.

아이가 매번 일정 분량의 책을 읽고 생각해서 답을 쓸 수 있도록 미리 노트에 질문을 준비하는 것과, 포켓몬, 히어로처럼 아이가 좋아하는 주제가 생길 때마다 같이 스토리를 짜고 그림을 그려 가며 몇 장짜리 책을 만드는 부분이 참 좋았다. 숙제로 책을 읽으며 모르는 단어가 나오면 공책에 쓰고 사전을 찾아 의미를 쓰거나, 그 단어가 들어간 예문을 만들어 쓰게 했다. 교재를 활용할 때 나오는 새 단어들은 유의어와 반의어를 활용해서 익히는 것을 보았다. 아이는 이렇게 숙제 공책에 단어를 단 한 번씩 쓰거나 의미를 알아보는 활동을 했지만, 반복해서 외우지는 않았다. 그래도 아는 것일까 궁금해서 가끔 물어보면 한국어로도 의미를 정확히 알고 또 단어의 미묘한 어감까지 이해하고 있어 놀라곤 했다.

물론 아이가 제일 좋아하는 시간은 선생님과 보드 게임을 하며 노는 시간이었다. 방문 원어민 선생님도 모두 다 다르기 때문에 영어 교육에 유일한 정답은 아닐 것이다. 수년 전에 지인에게 이 방법을 추천했는데, 원어민 교사가 방문 첫 수업 후 '동네 아이들보다 1~2년이 뒤져 큰일인데 어떻게 하실 거냐'며 한국 영어 교재들을 권했다고 전해 들었다.

이제 중학생이 된 아들은 제주도에 있는 국제학교에서 한 학기를 보내고 있다. 내 두 번째 연구 휴가를 맞아 관찰 결과, 여기 아이들도 학년 수준에 맞는 새롭고 무수한 단어들을 그냥 받아들이지, 결코 하나하나 외우지 않는다. 코로나19로 싱가포르행이 좌절되어 선택한 제주행은 정말 만족스럽다. 단 한 학기이지만 아이의 영어도 많이 늘었다. 영어는 의사소통과 학습을 '위한' 언어이지, 그 자체로 따분한 '공부'가 아니라는 생각을 아이에게 더 강화해 준 경험이라고 생각한다.

벼락치기와 깜지의 위험성

짧은 시간에 수백 개의 단어를 달달 외우는 것은 즉각적인 시험 결과로 보면 언뜻 효과적인 것 같지만, 함정이 있다. 우선, 이렇게 암기하는 것은 아동에게는 어렵고 지겹다. 스트레스를 많이 주어 영어 학습 동기를 잃게 되는 지름길이다. 영어가 의사소통에 필요한 언어가 아닌 시험을 위한 공부에 그치기 때문이다.

게다가 장기 기억으로 전환되지 못하고 벼락치기를 통해 단기 기억에만 저장된 단어는 금방 소실되고 만다. 시간이 조금 지나면 모르는 단어로 돌아간다.

또한 맥락을 벗어난 암기는 위험하다. 내가 중학생 때(지금은 초등 저학년들에게 해당할 수준) 잠깐 다녔던 학원에서 주는 단어 목록을 보고 'sour = 신'이라고 외우면서 그게 맛을 의미하는 단어인지 모르고, 'god'의 유의어라고 오해를 했던 기억이 난다. 단어에는 여러 가지 의미가 있는 경우가 많으며, 맥락에 따른 미묘한 뉘앙스와 적절한 활용법을 아는 것이 매우 중요하므로 이렇게 모국어에 일대일로 대응해 외우는 것은 위험하다.

외국어 고등학교에 가서는 장기 기억 전환을 통한 단어 학습이 도움이 되었다. 학생들이 흔히 하듯이 연습장에 빽빽하게 단어를 쓰면서(일명 '깜지') 암기하는 것이 비효율적임을 체감했다. 대신 단어 목록을 한번 쭉 훑어보고 수학 문제 풀이 등 잠깐 다른 과목 공부를 하다가 목록으로 다시 돌아가 기억을 점검했다. 놀랍게도 오히려 더 잘 기억할 수 있었고, 몇 번의 짧은 반복이 훨씬 효과적임을 느꼈다. 특히 그 당시 연설문, 단편 소설 등 실제적인 텍스트를 읽으면서 알게 된 영단어는 오래도록 잊히지 않는 내 것이 되었다.

효과적인 단어 학습법

단어 학습에 단순 암기보다 문맥을 통한 유추가 더 효과적임을 보여 주는 증거들을 찾아 보자. 제2언어 학습자의 어휘 학습에 대한 연구[1]에 따르면, 어휘의 의미를 제공하는 것보다 직접 문맥 속에서 유추해 내는 것이 의미 기억에 더 유리하다. 즉 제2언어 학습자가 내용을 이해하기 위한 듣기, 읽기를 할 때, 어휘를 학습하고자 하는 의도 없이 스스로 그 뜻을 알아 냈을 때, 뜻이 주어진 상황에서보다 모르는 어휘의 형태와 의미를 더 잘 기억한다는 것이다. 이는 처음 접하는 단어의 뜻을 스스로 파악하고자 할 때 인지적 노력이 더 많이 들기 때문이다.

다만 적절한 힌트가 주어지는 것은 의미 유추에 도움이 된다. 이때 힌트로는 제1언어에서 상응하는 단어, 제2언어에서 같은 뜻을 가진 단어, 간단한 예시문, 객관식 문제 등이 있다. 객관식 문제에는 매력적인 오답이 들어 있기 때문에, 바로 교정해 줄 수 있는 교사가 있을 때만 적합하다.

영어 사전, 절대로 찾지 마라?

영어로 읽으며 모르는 단어가 나올 때마다 사전을 찾는 것은 어떨까? 내가 박사 과정을 휴학하고 캐나다에서 어학연수를 할 때, 담당 교사가 사전을 쓰지 못하게 한 적이 있었다. (당시는 계산기처럼 생긴 전자 사전의 시대였다.) 소설을 읽는데 처음 보는 단어가 나오면 무슨 뜻일지 궁금해서 정말 답답했다. 선생님은 제2언어 학습자는 '모호함에 대한 수용성(tolerance)'을 키워야 한다고, 그래야 읽기 유창성이 증가하며, 오히려 단어의 의미를 유추하는 능력도 커진다고 했다. 시간이 좀 지나니 무슨 뜻인지 알 것 같았다. 사실 매번 사전을 찾아 '아, 이런 뜻이구나.' 읽고 지나간다고 그 단어가 오래도록 남는 것은 아니었다. 읽기 속도와 유창성을 차치하더라도, 앞뒤 문맥을 활용해 최대한 의미를 유추해 보고, 계속 읽어가면서 그 뜻이 맞는지 확인해 보는 것이 의미 파악과 단어 학습에 더 유리했다.

새로운 어휘를 학습할 때, 몇 차례 이상의 반복 노출, 어휘에 초점을 둔 연습 활동이 도움이 된다. 단순히 사전을 찾아 의미 파악을 하며 읽기를 하는 것에 비해 이런 활동이 더 효과적이었다.[2] 특히 이 결과는 해당 어휘가 교재에 4번 이상 노출되었을 때 나타났는데, 제2언어 교육용 교재에서는 타겟 어휘를 반복해 사용하는 경향이 있다. 이런 점에서 어린 아동이 즐겨 보는 영어 그림책은 훌륭한 어휘 학습 기회이다.

표 10-1에서 노버트 슈미트(Nobert Schmitt)는 58개의 어휘 학습 전략을 발견하고, 이를 발견 전략(discovery strategy, 단어의 뜻을 알아내기 위한 전략)과 강화 전략(consolidation strategy, 뜻을 알아낸 단어의 의미를 내 것으로 내면화하기 위한 전략)으로 나누었다. 이처럼 수많은 어휘 학습 전략은 어휘 학습이 단순 암기식 외에 다양한 방식으로 이루어질 수 있음을 의미한다.

영어의 아이들

표 10-1 어휘 학습 전략.[3]

분류	하위 분류	정의 및 예시
발견 전략	결정 전략	모국어의 어원, 문맥, 참고 자료, 또는 언어 구조에 대한 지식 등을 활용해 단어의 의미 알아내기 ex. 사전 사용하기, 단어 목록 만들기
	사회적 전략	다른 사람에게 단어의 의미를 물어보기 ex. 교사, 친구에게 묻기
강화 전략	사회적 전략	그룹 활동 혹은 교사와 함께 단어를 연습하기 ex. 원어민과 대화하며 사용하기
	기억 전략	새로 배운 단어를 이미 알고 있는 단어와 연결하여 기억하기: 기억술(mnemonics) ex. 이미지(그림) 활용하기, 개인 경험과 연결하기, 유사어와 반의어 활용하기, 동족 어휘 묶기, 단어의 철자나 소리 기억하기
	인지적 전략	암기하고자 하는 단어를 반복적으로 주시하며 연습하기 ex. 반복해 말하고 쓰기, 학습 매체에 지속적으로 노출되기
	상위 인지 전략	학습을 스스로 통제하고 평가하며 자신의 학습 과정 파악하기 ex. 스스로 시험 보기, 시간 차 두고 반복 연습

우리나라 초등학생들을 살펴보면, 영어 어휘력이 우수한 학생들이 더 다양한 방식으로 어휘를 학습하는 것으로 나타났다. 초등학생들의 어휘 학습 전략은 어휘의 넓이(얼마나 많은 어휘를 아는가), 깊이(한 어휘를 얼마나 자세히 아는가) 모두와 상관이 있다. 즉 다양한 맥락에서 다양한 방식으로 어휘를 학습하는 것이 더 많은 어휘를 학습하는 것은 물론, 어휘의 다양한 쓰임새를 이해하고 사용하는 것에도 도움을 줄 수 있다. 반대로, 영어학원에

서 하루 수백 개씩 단어를 암기하게 하는 것은 효과가 적을 뿐만 아니라, 영어 학습 동기를 해칠 수 있다.

Tips!

한국어와 영어의 단어를 일대일 연결해 단순하게 암기하게 하는 것은 비효과적입니다. 영어 학습 동기를 해치기도 하고요. 영어가 자연스럽게 쓰이는 상황에서 아이가 맥락에 맞는 단어를 건지게 하세요. 그렇게 의미를 이해한 후 반복적으로 접하면 자기 어휘가 됩니다.

영어의 아이들

11
엄마표 영어를 어떻게 가르칠까요?

엄마표 영어의 대유행

'엄마표 영어'가 뜨겁다. 주요 온라인 서점에서 이 키워드를 검색하면, 판매 중인 120여 권 이상의 책을 확인할 수 있다. 지난 몇 년간 한국인들이 푹 빠진 유튜브에도 엄마표 영어 관련 채널이 어마어마하게 많다. (그중 상위 3개는 '새벽달', '바다별에듀TV', '엄마표 영어를 알려주는 남자'로 2020년 말 현재 각각 7, 3.5, 1만 명 이상의 구독자를 확보하고 있다.)

빅데이터 분석을 실시한 최근 연구에 따르면, 현재 우리나라의 아동 영어 교육은 어머니를 중심으로 이루어진다. 한때 트렌드였던 '기러기 아빠'가 사회적 병리 현상으로 여겨져 조기 유학이 급감했다. 이제는 엄마표 영어가 대세가 된 것이다.[1] 연구에서도 여전히 '조기 영어 교육' 용어가 쓰여 유감스럽다. 영유아나 초등 저학년생을 위한 영어 교육이 공적 교육 과정보다 일찍 시행되는 것임을 나타내고, 그것이 발달에 부적절함을 내포하기 때문이다. 언어 학습에 조기란 없다.

학부모의 인식과 경험을 분석한 연구들은 국내에서 자녀 영어 교육 비용이 너무 커서 엄마표 영어가 힘을 얻게 되었다고 분석한다.[2] 또한 우리나라의 어머니들은 글로벌 시대에 영어가 필수라는 신념, 본인의 성장 및 학습 경험, 예정된 개인적 상황 등에 따라 유아 영어 교육을 선택해 실행하고 있다.[3] 기관에만 의존하지 않고, 자녀의 영어 학습을 도우며 응원하려는 책임감도 강하게 나타난다. 특히 영어를 놀이로 여길 수 있는 환경을 제공해 줄 수 있을 때 엄마표 영어를 긍정적으로 바라보는 경향이 있다.

관심과 노력인가 모성 이데올로기인가

어머니가 유아 영어 교육에 대해 어떤 신념을 가지고 있는지에 따라 유아가 갖는 영어 학습 동기나 흥미가 달라진다.[4] 동기의 요인 중에서도 부모의 격려와 기대, 인식은 외국에 대한 관심, 불안에 영향을 미치고, 영어 교육에 대한 어머니의 걱정이 크면 유아의 흥미가 떨어지는 것으로 나타나, 어머니의 신념이 자녀와의 상호작용을 통해 유아에게 전달됨을 확인할 수 있다. 기관에서 어떠한 방식(일반 유치원 대 영어학원 유치부)과 빈도로 영어를 학습하는가보다는 어머니가 가정에서 기울이는 관심과 상호작용 노력이 자녀의 영어 흥미에 더 기여할 수 있다는 것은 의미심장한 연구 결과이다. 일단 학업 성취와는 별개로, 유아의 영어 흥미와 관련해서는 가정에서 부모와 함께 학습하는 것이 더 효과적일 수 있다. 이는 각 가정에서 자녀의 영어 교육에 관심을 갖고 부모들이 직접 적극적으로 참여하는 최근의 경향[5]과 무관하지 않다.

부정적 시각도 존재한다. 우선, 우리 사회의 영어 교육 열풍이 소비자 본주의적 특성을 가지는 가운데, 어머니의 역할을 강조하는 모성 이데올로기가 과하게 작용한다는 점을 들 수 있다.[6] 자녀 교육에 '엄마표'라는 딱지를 붙여 육아와 교육에 관해 어머니들 간의 경쟁을 부추긴다고도 볼 수 있다.[7]

엄마표 영어가 나아갈 길

엄마표 영어가 의미 없는 과한 경쟁이 되지 않고 진정으로 효과를 가져오려면 어떻게 해야 할까? 첫째로, 부모가 영어를 공부해야 한다. 엄마표 영어 책을 붙잡고 달달 외워 아이에게 밤낮으로 영어로 말하라는 뜻이 아니다. (실제로 어떤 교재에서는 'Are you hungry?', 'Brush your teeth.'와 같은 문장들을 수백 개 모아 놓고 엄마들에게 외워서 말하라고, 심지어 벽마다 메모지로 써 붙여 두라고 훈계한다.) 부모 자신의 학습 목표에 따라 실제로 자신에게 필요한 영어 공부를 하라는 것이다. 억지로 외워서 어색한 문장을 쓰는 것보다 엄마가 영어에 자신을 갖는 것이 먼저다. 그리고, 필요할 때 영어를 잘 사용하는 엄마의 모습을 아이에게 보여 주는 것이 중요하다. 여기에는 외국인과의 말하기만 있는 게 아니다. 듣기, 읽기, 쓰기도 모두 언어이고 부모는 영어 사용자로서 아이에게 좋은 모델이 되어야 한다.

둘째, 엄마표 영어로 아이의 영어 교육을 끝내려는 부담에서 벗어나자. 엄마가 영어 교육 전문가가 아닌 이상, 절대 불가능한 목표이다. 다른 가정의 성공담에 휘둘리지 말고, 엄마가 해 줄 수 있는 만큼만, 서로 즐거운 정도로 시도하면 된다. 자녀가 영유아라면 영어에 관심과 흥미를 갖게 하는 기회를 제공하고 상호작용하기, 초등학생이라면 거기에서 좀 더 나아가 아이에게 맞는 영어책이나 영상을 고르고 함께 보며 지도하기, 학교와 학원에서의 영어 공부 지원하기, 기본적인 영어 문해, 즉 읽기와 쓰기 돕기 등을 할 수 있다.

셋째, 아이의 관심 수준을 민감하게 파악하며 영어 상호작용을 이끌어야 한다. 이중 언어 가정이라면 각 부모가 각자의 제1언어를 하나씩 담당해 사용하거나, 둘 다 두 언어를 섞어 쓴다. 앞의 경우를 한 부모 한 언어 정책(one parent-one language policy, OPOL policy)이라 하며, 한 사람이 두 언어를 모두 쓰는 경우보다 자녀의 이중 언어 습득에 더 유리하다고 알려져 있다. 그러나 우리나라의 일반적 가정은 이런 상황과 거리가 멀다. 한국어가 모국어인 어머니가 자녀의 영어 학습을 위해 노출을 늘리고자 억지로 영어를 사용하는 상황인 것이다. 실제적(authentic) 목적의 언어 사용이 아니기 때문에 시작부터 이상하다고 보아야 한다. 어린아이들도 그것을 인식한다. 따라서 부모가 왜 영어를 쓰는지, 영어를 배우면 무엇이 좋은지 아이도 어렴풋이나마 알 필요가 있다. 동기부터 탄탄해야 한다는 뜻이다.

영어에 흥미를 느끼는 정도는 아이마다 다르다. 초기부터, 그리고 계속 흥미를 보이는 아이라면 걱정할 것 없이 지도하면 된다. 그러나 부모가 영어로 말하면 짜증을 내거나, 영어 만화를 보여 줘도 싫어하는 아이라면 무작정 밀어붙여서는 역효과만 나기 쉽다. 이런 경우 다른 아이와 비교할 게 아니라 가장 좋아하는 방식이 무엇인지, 관심 있는 주제는 무엇인지 파악해 조금씩 진행해야만 한다.

넷째, 가장 타당하며 효과적인 방식으로 영어 그림책 읽기 상호작용을 권한다. 우리나라에서도 이미 21세기가 되기 전부터 이용되어 온 방법이다. 일단 그림책의 텍스트는 언어의 정수라 어휘, 문장 모두 습득하기에

영어의 아이들

그림 11-1 엄마가 그림책을 읽어 주고 인형놀이를 하며 유아와 영어로 상호작용하는 장면.

좋다. 또한 그림과 글을 함께 읽으면서 지금, 여기에서 벗어난 풍부한 이야 깃거리를 가져와 상호작용할 수 있다. 영어 그림책이라는 매체를 놓고 하는 상호작용이므로 아무것도 없이 하는 대화에 비해 영어를 쓰기가 그리 어색하지 않다. 읽기 시간, 이야기 시간이니 순수한 의사소통의 목적이 아니어도 괜찮다는 것이다. 어떤 그림책을 골라, 어떻게 활용하면 좋을지는 다음 장에서 알아보자.

마지막으로, 부모가 자녀에게 영어를 최대한 많이 말해야 한다는 부담도 버리자. 이중 언어에 대한 전문서에서 힌트를 가져올 수 있다. 전문가들은 영어를 제2언어로 학습하는 아동을 둔 가정의 부모들에게 집에서는 가능한 한 가정 언어, 즉 모국어로 말해 주라는 조언을 한다. 최대한 양질의 모국어를 많이 들려주어 균형적 이중 언어의 발달을 도와야 하며, 부모의 영어가 훌륭하지(?) 않을 때에는 더더욱 그렇다는 것이다.

물론 이 조언은 영어가 사회의 다수 언어이고 아동의 제1언어가 소수 언어이자 지켜야 할 가정 언어인 환경에서 나온 것이므로 우리 상황과는 다소 차이가 있다. 그럼에도 불구하고 영유아기에 부모가 제공하는 언어 입력이 매우 중요하다는 것은 변함이 없다. 따라서 부모는 자녀에게 좋은 모국어 자극을 충분히 주고, 영어 자극은 혼자서 떠안으려고 하지 않아도 된다. 아이의 발달 수준과 흥미에 맞게 조금씩 늘려가면 된다.

진짜로 마지막으로, 여기에서는 '엄마표' 영어에 대해 다루었지만, 아버지의 참여가 중요하다. 특히 우리나라에서는 어머니의 교육 참여는 기본이라 별 차이를 만들어 내지 못한다. 많은 연구에서 아버지의 적극적 양육 참여 및 학습 지도가 이루어질 때 자녀의 인지적 발달이 우수한 것으로 나타나고 있다. 따라서 부모가 공동으로 자녀의 영어 교육에 관심을 가지고 적극적으로 참여할 필요가 있다.

Tips!

가정에서부터 유아기 자녀의 영어 흥미를 키워 줄 수 있습니다. 유아에게 엄마표 영어를 시도할 때 가장 추천할 만한 방법은 그림책과 교구를 활용한 의사소통 방식의 상호작용입니다. 읽기/쓰기 반복 연습, 학습지 같은 교재는 유아에게 발달적으로 적합하지 않으며 흥미와 동기를 유발하기 어렵습니다.

영어의 아이들

12
영어 그림책,
어떻게 읽어 줄까요?

영어 그림책의 효과

영어로 된 그림책은 일반적인 문해뿐 아니라 아동의 영어 능력을 향상하는 데 큰 도움이 되는 매체이다. 특히 영어 그림책은 EFL(English as a foreign language) 상황에서 영어 학습자의 학습 동기를 끌어올리고, 시각적/언어적 읽기 기술을 발달시킬 수 있다.[1] 그리고 읽기 과정에서 아동의 자발적인 영어(L2) 발화를 늘려 준다.[2] 여기에는 그림책의 중요 요소인 그림이 활발하게 이용된다는 점에 주목할 만하다. 즉 글로 쓰여 있는 영어 문장뿐 아니라, 그림이 영어로 이루어지는 의사소통을 풍부하게 만들 수 있다는 연구 결과이므로, 가정에서의 그림책 읽기 상호작용은 어린 아동을 위한 영어 지도에 훌륭한 기회가 된다.

그동안 EFL 상황에서 영어 그림책이 주로 단어 학습의 도구로 사용되었으나, 그림책은 어휘뿐만 아니라 영어의 관용적 표현, 문장 구조, 문화

그림 12-1 케임브리지 도서관 어린이책 서가에서. 유아가 그림책을 직접 골라서 대출하고, 읽고, 반납하는 경험은 읽기 동기 향상에 직접적으로 도움을 준다.

에 대한 이해까지 넓혀 준다. 무엇보다 언어를 사용하는 실제적인 목적을 제공하는 매체로서, 함께 읽는 독자가 영어로 반응하게 해 사고를 넓힐 수 있다.[3]

통합 교과의 길잡이

그림책이 어린 영유아만을 위한 것이 아닌 것도 매력적이다. EFL 환경의 초등학생과 청소년에게도 도움이 될 수 있다. 영어 그림책을 읽고 쓰기 활동을 하는 캠프 프로그램에 참여한 7~8학년 대만 청소년들의 영어 읽기 기술, 쓰기 능력, 읽기 동기, 창의적 사고가 모두 향상되었다는 연구 결과가 있다.[4] 노르웨이의 11학년생들도 영어 그림책을 집중적으로 읽었을 때 읽기 동기와 영어 쓰기 능력이 모두 향상되었다.[5]

그림책 활동은 읽기와 쓰기를 통합하는 힘을 가진 문해 자료이다. 게

영어의 아이들

다가 영어 그림책은 성인의 영어 학습에도 도움이 되는 것으로 밝혀졌다. 초보 영어 학습자의 영어 학습에 대한 불안이 줄어들고, 자신감은 향상되며, 영어 학습에 대한 태도가 긍정적으로 변화하는 결과가 나타났다[6]. 이 결과는 아동에게도 적용될 것으로 예상되는 동시에, 영어 그림책이 부모와 아동이 함께 읽기를 할 때 성인에게도 부담 없이 도움이 되는 편안한 교육용 매체임을 시사한다.

영어 그림책 고르는 법

아이를 위한 영어 그림책 고르기는 한글로 쓰인 그림책과 별반 다르지 않다. 지식에서 앞서 있는 부모가 선택의 기회를 제공하되 아이의 선택을 존중해야 한다. 읽고 싶은 책을 스스로 골라 보는 경험은 읽기 동기와 주도성, 문해 능력을 발달시킨다.

- 글과 그림의 수준이 높은 단행본 위주로 고른다. 전집이나 영어 교육용 교재 성격의 그림책이 아닌 일반 낱권 그림책이 훨씬 낫다.

- 유명 작가의 작품이나 수상작, 그림책에 대한 전문서에 실린 추천작은 믿을 만하다. 아이가 좋아하는 작가의 책이나 시리즈는 꼬리를 물고 계속 구해주면 문학적 소양에도 도움이 된다.

- 국내에 번역 출간된 우리말 그림책이 괜찮아 보이면, 검색을 통해 영어판으로 구할 수도 있다. 굳이 국문판과 영문판이 다 있을 필요는 없다. 아이

가 '영어책도 그냥 책'이라고 여기는 게 좋다. 한 권에 영문, 국문이 병렬된 책은 추천하지 않는다. 동시에 둘 다에 관심을 갖는 아이는 거의 없다. 아동에게는 의미가 중요하며, 두 언어 사이에 어떻게 번역이 이루어지는지는 관심 밖이다.

• 서점에 직접 가서 아이와 함께 직접 고른다. 아이가 관심을 보이고 사달라는 책은 거절하지 말고 구입해 준다. 대형 서점에 가면 영어 그림책도 많이 구비되어 있고, 영어책 전문 서점도 곳곳에서 찾을 수 있다. 이런 곳에 자주 가면 영어 학습 동기를 높이는 데도 도움이 된다.

• 온라인 서점에서 검색하면, 베스트셀러, 스테디셀러, 신간에 대한 정보와 부모들이 쓴 서평의 도움도 받을 수 있다. 아마존 등 외국 서점에서 온라인 주문하는 방법도 괜찮다. 절판된 책도 구할 수 있고, 배송비 정도만 부담하면 되는 중고책이 보물일 때도 많다.

• 도서관에서 빌려 본다. 신간이나 추천작에도 관심을 가진다. 대출을 하면 경제적 부담이 적기도 하거니와, 아이와 같이 도서관에 가는 일은 교육적으로도 정서적으로도 바람직하다. 책이 주제별로, 작가별로 어디에 어떻게 전시되어 있는지 알게 되는 것도 의미가 크다. 케빈 헹크스(Kevin Henkes)의 그림책이 마음에 들었던 아이가 서가의 H 코너에서 그의 다른 책들을 골랐던 기억이 소중하게 남아 있다.

• 단어나 문장의 수준도 고려해야 하지만, 이야기의 수준이 아이에게 맞는지가 더 중요하다. 쓰여 있는 텍스트 그대로 읽어 줘야만 하는 것은 아니기

때문이다. 아이가 표지나 주제에 끌리는 책이 적합한 책이다. 특히 유아들은 한 가지 주제에 푹 빠지는 경향이 강한데, 물이 들어올 때 노를 저어야 한다. 관심 주제를 검색해서 좋은 그림책들을 구해 주자.

• 인물, 장소, 스포츠, 특별한 날 등 영어권의 문화를 담은 책은 영어로 보기에 더 좋다. 이런 책을 통해 언어와 깊은 연관이 있는 문화에 대해서도 알려 주어 관심을 늘릴 수 있다. 아이가 모르는 새로운 것에 대해 궁금할 때 책이 도움이 된다는 것을 경험하게 된다.

• 알파벳북 두세 권은 필수다. 최고의 작가들도 알파벳북 만들기에 도전한다. A부터 Z까지의 알파벳을 순서대로 나열하며 각기 기발한 단어와 엮은 그림책을 보면서 스스로 규칙을 발견해 내는 아이는 언어 학습에서 성공할 가능성이 높다. (한글 자모책도 마찬가지이니 학습지보다 효율적인 그림책에 관심을 기울일 필요가 있다.) 대표적인 알파벳북으로 234쪽의 목록을 참고하면 좋다.

엄마와 아이, 그리고 그림책

내가 미국을 방문했을 때 그림책을 쌓아 두고 아이에게 읽어 주던 것이 기억난다. 남편의 단기 유학 시절, 방학을 맞아 아이를 보스턴에 데리고 갔다. 도서관 회원증을 만들며 책을 몇 권이나 빌릴 수 있는지 물었더니, 직원이 되물었다. 몇 권이나 가져갈 수 있겠냐고. 규정은 150권이지만 더 많이도 가능하단다! 한국에서 가져간 책이 많지 않았기에 그날부터 도서관에 부지런히 드나들며 그림책을 날랐다.

4세 아이에게는 텍스트가 영어든 한글이든 그냥 그림책이었고, 미국에 있으니 영어로 쓰여 있는 것을 당연하게 여기는 것 같았다. 글의 수준이 쉬운 건 펼쳐서 바로 읽어 주기도 했지만, 대부분은 미리 한 번 읽어 볼 필요가 있었다. 무슨 내용의 이야기인지, 장면마다 어떤 전략으로 읽어 줄지, 심지어 부모가 모르는 단어나 표현, 배경에 담긴 문화적 특수성도 있었으므로 미리 찾아보고 조사해야 할 때도 있었다. 준비 없이 바로 읽을 때는 부모도 이해할 시간이 필요하므로 영어로 한 번 소리 내어 읽고 바로 우리말로 뜻을 풀어 주었다. 미리 읽어 보았거나 글이 너무 긴 책은 처음부터 우리말로 바꾸어 이야기하듯 들려주기도 했다. 그림책 수집가이자 아동 문학 연구자로서 나름 문학적 감수성이 있다고 여겨 도전 의식이 샘솟는 활동이었다. 내가 번역가라면 이 문장을 어떻게 바꾸는 게 최선일까 생각하며.

그림을 읽으며 이야기를 듣는 아이는 영어책 읽어 주기를 자연스럽게 받아들였다. 이때는 부모의 발음이 한국적이라고 놀리지도 않았다(3~4년이 지나니 상황이 조금 달라졌지만). 영어로 읽어 줄 때도 답답해하거나 짜증을 내지 않았고 무슨 뜻인지에 관심을 가지는 것으로 보였다. 돌아보건대 처음부터 어려운 수준의 책을 영어로만 읽어 주지 않았기에 의미 중심의 이해를 하게 된 것 같다.

나부터가 그림책 읽어 주기에서 부모와 자녀 간의 언어적 상호작용의 중요성이 얼마나 큰지 백날 연구하던 엄마이므로, 영어 문장 읽어 주기에만 집중하지는 않았다. 일단 영어로 읽는 소리를 천천히 들려주고, 한글책과 달리 라임을 지켜 놓은 책에서는 그런 부분을 강조해 읽기도 했다. 그리고 뜻을 이해할 수 있게 풀어 준 다음, 한글 그림책을 읽던 때와 똑같이 말하고, 질문하고, 대답하고, 말놀이를 했다. 영어를 우리말로 바꾸어 이야기해 줄지 말지를 결정하기 위해서는 순간순간 아이의 이해도를 살펴야 한다. 짧고 쉬운 표현이거나 반복해서 읽어 줄 때는 과감하게 영어로만 진행해도 괜찮다.

그림책 읽어 주기에서 어머니의 역할

흥미로운 연구[7]를 살펴보자. 유아가 영어 그림책 읽기에 흥미를 가지고 있으면 더 많이 읽고, 더 많이 읽는 유아의 영어 어휘력이 더 우수한 것으로 나타났다. 즉 유아가 영어 그림책 읽기에 적극적으로 참여할 때 짝꿍인 어머니가 질문, 응답, 그림 설명 등 더 다양한 전략을 사용하게 되기 때문에 유아의 어휘 습득을 돕게 된다. 게다가 부모가 긍정적인 읽기 신념을 가지고 있을 때 유아의 읽기 흥미가 더 높다. 따라서 유아의 영어 그림책 읽기에서 어머니의 역할은 상당히 크다는 것을 알 수 있다.

또 한 가지 재미있는 것은 한국어 그림책에서 익힌 모국어 단어는 선지식이 되어 새로운 영단어를 익히는 데 도움이 된다는 것이다. 그러므로 영어책만 읽게 하는 우는 범하면 안 되며, 유아를 민감하게 관찰하고 지도하는 어머니는 유아가 한국어 그림책에서 익힌 어휘와 영어 그림책의 어휘를 연계할 수 있는 다양한 전략을 사용할 필요가 있다. 한국어와 영어로 그림책을 많이 읽은 아이들의 영어 이야기 이해력도 더 좋은 것으로 나타났다. 한국어로 그림책을 읽을 때 어머니가 보여 주는 언어적 행동이 풍부한 것도 영어 이야기 이해력에 직접적인 영향을 미쳐, 모국어 상호작용이 영어 교육에도 도움이 됨을 증명했다. 오히려 영어로 그림책을 읽어 줄 때는 어머니의 언어적 행동이 유아의 영어 이야기 이해력에 직접적인 영향이 없었는데, 이는 어머니의 영어 능력이 우수하지 않아 상호작용이 원만하거나 풍부하지 않기 때문으로 해석된다.

그림책 읽기에 대한 유아의 흥미

이 연구에서 살펴본 것처럼, 유아 자신이 영어 그림책에 어느 정도 흥미를 가지고 있는지는 기본적으로 중요한 부분이다. 아이가 관심이 없으면, 아무리 좋은 책이라도 부모가 들이밀어 함께 읽기를 지속하거나 효과를 얻기 어렵다.

그림 12-2 보스턴 영유아 교육 기관에서 그림책을 읽어 주는 교사. 텍스트를 노래로 바꾸어 들려주면 주의력과 듣기 능력 향상에 도움이 된다. 반복적인 구문이 있는 책일 경우 특히 좋다.

영어의 아이들

칼데콧 수상작 20권을 대상으로 독서 사례 게시물을 수집한 연구[8]에 따르면, 영어 그림책에 대한 유아들의 흥미는 소재/주제에 대한 흥미, 개인적 관련 정도에 따른 흥미, 인지 과정에서의 흥미, 멀티미디어 자료에서 유발되는 흥미로 요약된다. 따라서 일단 유아의 일상적 경험과 관련된 소재나 주제를 다양한 관점에서 표현한 책이 좋다. 인지적 흥미를 높이기 위해서는 발달 수준에 적합한 인지적 요소를 담고, 다양한 추론 장치를 고안할 필요가 있다. 또한 이야기를 통해 흥미를 유도하기 위해 각 면마다 그림에 풍부한 내용이 담겨 있어야 하며, 소리, 동영상, 게임, 워크북 등이 결합되었을 때 흥미 유발에 도움이 될 것이다. 특히 영어 그림책에 대한 유아의 흥미는 어머니를 통해 더욱 높아질 수 있다는 점에 주목할 만하다.

영어 그림책을 읽어 줄 때 고려할 점

이처럼 영어 그림책을 읽어 주는 방법에 정해진 답은 없다. 반드시 텍스트 그대로 읽어 줘야만 하는 것은 아니다. 좀 어려운 책은 요약을 해서 짧은 문장으로 말해 줘도 되고, 심지어 우리말로 해도 된다.

부모의 발음은 원어민 화자의 발음이 아니라고 영어 그림책을 직접 읽어 주기를 꺼리는 경우가 많다. 그래서 CD나 소리 나는 펜을 이용해서 녹음된 것만 들려주려는 경향도 있다. 하지만 이미 세계 영어의 시대이므로 그런 걱정은 하지 않아도 된다. 연구 결과, 절반가량의 가정에서 유아를 위해 디지털 펜을 보유하고 있었다. 영어 그림책용 디지털 펜은 없는 것보다는 낫지만, 어머니와의 그림책 읽기 상호작용만큼 유아의 영어 흥미에 효과적이지는 않았다.[9]

- 기본적으로 한국어 그림책 읽어 주기와 같다. 교육을 목적으로 한국어 그림책을 배제한 채 영어 그림책에만 집중해 '교재'로만 사용하지 말자. 그림책 읽어 주기는 '상호작용'이 핵심이다. 텍스트 이외의 언어적 상호작용을 영어로 하기 부담스럽다면 우리말로 해도 아무 문제 없다. 느낀 점 말하기, 질문, 대답 같은 상호작용이 풍부할수록 효과가 크다.

- 아이에게 가장 중요한 것은 의미 이해이다. 영어 단어나 구문만 강조하면 교재가 되어 버린다. 아이가 그림책 읽기 시간을 따분한 공부로 느끼면 득보다 실이 크다.

- 부모가 모두 관심을 갖는다. 아버지의 양육 참여, 자녀 학습 지도, 그림책 읽어 주기는 놀라운 차이를 만들어 내는 것으로 밝혀졌다. 아버지가 쉽게 접근할 수 있는 방법이 바로 그림책 읽어 주기이다. 신체 놀이와 결합하거나 우스꽝스럽게 읽는 등 어머니와는 다른 방식으로 읽어도 좋다.

- 부모에게도 영어는 제2외국어이므로 읽어 주기 전에 텍스트를 미리 읽어 볼 필요가 있다. 아이의 수준과 텍스트의 수준을 비교해 보고, 읽기 전략을 세운다. 영어로만 읽어 줄지, 어떤 부분에서 한국어로 설명할지, 아이가 모를 만한 단어가 있다면 어떻게 설명할지도 생각해 둔다.

- 자연스러운 목소리, 여유 있는 속도로 읽어 준다. 동화 구연을 할 때처럼 사탕 발린 목소리일 필요는 없다. 등장 인물이 구별될 정도의 차이를 두면 충분하다.

- 상당수 영어 그림책은 각운(rhyme)을 활용하고 있어, 한국어 그림책과 차별화된다. 같은 소리가 반복되는 재미를 놓치지 말고 강조해서 읽어 준다. 유아기와 초등 저학년 때까지는 이런 소리의 요소가 중요하다.

- 미국식, 영국식 발음에 지나치게 얽매이지 말자. 다양한 영어가 중요한 마당에 부모의 발음 그 자체로 충분하다.

- 원어민 버전으로만 들려주는 것보다 부모와의 상호작용이 많은 것이 더 유리하다. 어린아이에게 유튜브 버전을 바로 보여 주기보다는 부모가 혼자서 먼저 보고 배울 점을 가져오고 연습해서 읽어 주는 것이 더 좋다.

- 다행히도 아이들은 반복해 읽기를 좋아한다. 아이가 원할 때 여러 번 반복해서 읽어 주고 매번 다른 질문을 던지는 등 조금씩 변주하면 좋다.

- 영어 그림책의 텍스트를 동요로 만들어 둔 버전을 자주 들려주고 함께 부르면 언어 감각 향상에 도움이 된다.

Tips!

좋은 영어 그림책을 고르는 데 시간을 투자해야 합니다. 국내에서 개발된 학습용 목적의 전집이나 기초 읽기 독본보다는 그림과 글이 모두 훌륭한 단행본이 좋습니다. 알파벳북 두세 권을 갖추면 문자와 파닉스 지도에도 도움이 됩니다. 원어민 발음이 아니라고 주눅들 필요 없이 의미 소통 중심으로 그림책을 읽어 주세요. 영상이나 녹음된 버전만 듣게 하는 것보다 부모와의 상호작용이 더 효과적입니다. 반복을 잊지 마세요. 우리말과 섞어서 의사소통하는 것은 문제없으므로 읽어 주면서 질문, 대답, 느낌 말하기 등 풍부한 대화를 하면 좋습니다.

영어의 아이들

13

영국 아이들은
독서록을 어떻게 쓸까요?

책읽기의 소중함

영어라는 언어의 말 집이 안정되어 가기 시작하면, 혹은 말의 집이 아직 지어지지 않은 시기라도, 책읽기를 통해 영어라는 언어를 접해 보게 하는 것은 아주 좋은 영어 공부 방법이다. 과거에는 영어로 말할 수 있는 기회가 별로 없었다. 과거 우리는 읽기를 통해 영어를 만난 세대이다. 개인적으로, 엄마나 아빠가 읽어 주는 것도 좋고, 오디오북을 이용하는 것도 좋은 방법이다. 책을 읽으면서 문자와 소리 정보를 같이 주면 아이들이 더 적극적으로 의미를 만들고 이해해 나가며, 언어 습득에서 적극적인 역할을 하게 되기 때문이다.

영국 아이들에게는 특별한 숙제가 별로 없지만, 날마다 쓰는 리딩 레코드(reading record)가 있다. 초등학교 아이들은 날마다 학교 도서관에서 챕터북과 같이 아주 얇은 책을 하루에 하나씩 읽게 한다. 어린아이들일수

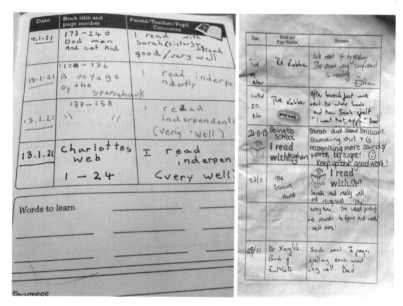

그림 13-1 실제 리딩 레코드 사진. 11월 27일 코멘트.

록 그림이 많은 책들이고, 학년이 올라갈수록 그림이 적어진다. 포인트는 날마다 책을 읽는 습관을 갖게 해 준다는 것이다.

그림 13-1을 보면 날짜와 책의 제목, 페이지 넘버, 그리고 엄마, 아빠가 아이가 책을 어떻게 읽었는지 적은 간단한 코멘트가 있다. 아주 처음에는 책을 읽어 주지만, 시간이 갈수록 아이가 스스로 읽게 한다. 아이의 속도에 맞게 읽는다. 모르는 단어가 종종 있지만, 그림이 있고 문맥이 있어서 큰 문제가 되지 않는다. 모르는 단어에 대처하는 법이 꼭 사전 찾기는 아니다. 가장 좋은 방법은 문맥에서 단어의 의미를 유추해 내는 것이다.

이렇게 배운 단어의 의미는 내재화되어서 잊어버리지 않는다. 모르는 단어 몇 개 때문에 읽기가 방해되어서는 안 된다. 그렇지만, 아이들이 모르

영어의 아이들

는 단어의 의미를 물어보면, 설명을 해 줄 필요는 있다. 영어로 설명하지 말고, 아이들이 가장 익숙한 한국어로 설명해 주면 좋다. 한국어와 영어 사이에 차이를 아이가 터득해 나갈 것이다. 물론 부모도 마찬가지이다.

영어책 읽기를 하면서 아이에게 가끔 "한국어로 뭐라고 할까?"라는 식으로 자연스러운 번역을 시켜 보기도 했다. 많이 읽는 것보다 꾸준히 읽는 게 중요하고, 책읽기가 날마다의 습관이 되도록 하는 게 아주 중요하다. 한국의 부모들에게 리딩 레코드를 써 줄 것을 강력 추천한다.

리딩 레코드에는 새로운 코멘트들이 등장한다. 11월 27일의 코멘트를 보면, 처음으로 아이가 정관사 'the'를 의식하며 읽었다고 했다. 이날은 학교에서 보조 교사 클라라 선생님과 책을 읽은 날이다. 책을 읽으면서 아이들이 특정 단어를 어떻게 발음하는지도 들여다볼 수 있다. 단어 하나를 끄

그림 13-2 **책을 읽는 아이들.**

집어내 발음을 가르치는 게 아니라, 문맥 속에서, 아이들은 해당 단어를 어떻게 발음하는지 알게 된다.

Tips!

아이들의 영어 영역을 확장하는 좋은 방법 중 하나는 책읽기입니다. 지루하고 재미없게 느껴지는 어려운 책이 아니어도 됩니다. 아이의 흥미를 유발하는 그 나이대에 맞는 책을 함께 읽으며 아이는 모르던 영어 단어를 습득하기도 하고 자연스럽게 영어의 문장 구조에 익숙해집니다.

영어의 아이들

14
세상에 있는 영어 종류는
얼마나 될까요?

고수, 코리앤더, 실란트로

미국에서 잘 알려진 철자 경연 대회인 스펠링비(Spelling Bee)에서 가장 어려운 레벨의 단어들은 외국어 단어들이다. 영어에는 수많은 외국어 단어들이 있다. 뉴욕이나 런던 같은 큰 도시에 다양한 인종이 모여 사는 것처럼 말이다. 영어에 있는 음식 이름 중 '김치(kimchi)', '우동(udong)', '덤플링(dumpling)' 이런 단어들은 사실 한국, 일본, 중국 음식들의 이름이 로마자화되고 영어 단어로 정착된 경우이다. 의심 없이 영어 단어라고 생각해 온 '젓가락(chopstick)', '차(tea)', '파자마(pyjama)'도 따지고 보면 타국에서 영국으로 건너온 단어들이다. 소위 밖에서 온 단어들이 영어 단어의 대부분을 이룬다.

영어는 또한 한 종류만 있는 게 아니다. 세계에는 수많은 영어가 존재한다. 영국에서는 가지를 '오버진(aubergine)'이라고 하지만 미국에서는 '에 그플랜트(eggplant)'라고 한다. 영국 사람들은 '비스킷(biscuit)'이라고 하지만 미국 사람들은 같은 것을 보고 '쿠키(cookie)'라고 한다. 반면 영국인들이 차와 즐겨 먹는 '스콘(scone)'이 미국에서는 '비스킷(biscuit)'이다. 감자칩 같은 경우, 영국인들은 '크리스프(crisp)'라고 하고 미국인들은 '칩스(chips)'라고 한다. 우리가 알고 있는 '프렌치 프라이(French fries)'가 영국에서는 '칩스(chips)'이다. 호박은 영국 영어로 '쿠르젯(courgetti)'이지만, 미국 영어로는 '주키니(zucchini)'다. 솜사탕은 영국 영어로 '캔디 플로스(candy floss)'이고 미국 영어로는 '코튼 캔디(cotton candy)'이다. 영국 영어로 사탕은 '스위츠(sweets)'이고 미국 영어에서는 '캔디(candy)'이다.

프랑스 음식의 영향을 많이 받은 영국에서는 고수를 '코리앤더(coriander)'라고 하고 남미 영향을 많이 받아 스페인 단어가 많은 미국 영어에서는 '실란트로(cilantro)'라고 부른다. 구두쇠 스크루지에 나오는 '오트밀(oatmeal)'은 미국식 영어고 영국에서는 '포리지(porridge)'라고 한다. 우리가 말하는 '피클(pickle)'은 미국 영어이고 영국에서는 '걸킨(gherkin)'이라고 한다. 영국에서는 '프라운(prawn)'이라고 새우를 부르지만 미국에서는 '쉬림프(shrimps)'라고 한다. 미국인들이 영국에 오면 많은 식료품 이름을 새롭게 배운다. 영국인들이 미국에 가도 마찬가지이다.

한국 영어란?

우리나라는 미국 영어의 영향을 많이 받아서, 미국식 영어의 뿌리가 깊다. 그렇지만 미국식 영어가 우리가 맹목적으로 신봉하는 언어가 되어서는 안 된다. 우리에게 맞는 영어를 자랑스럽게 만들어가는 것이 필요하

　　　　　　　　　　　　　　　　　　영어의 아이들

다. 영어에는 미국, 영국, 호주, 뉴질랜드 영어뿐 아니라, 싱가포르 영어, 필리핀 영어도 있고, 아프리카식 영어도 있으며, 한국 영어와 일본 영어도 있다. 한국 영어는 오랫동안 잘못된 영어라고 인식되어 왔다. 그렇지만 한국 사람이 영어를 할 때 한국어와 영어가 어우러져 발음과 단어를 만들어 내고, 그 영어를 한국 사람이 쓰는 것은 당연한 것이다.

영국에 살면서 다양한 곳에서 온 사람들이 영어를 쓰는 것을 본다. 이태리에서 온 사람이 쓰는 영어가 있고, 독일에서 온 사람이 쓰는 영어가 있다. 일본에서 온 사람이 쓰는 영어도 있다. 이 세 영어를 가장 쉽게 구별할 수 있는 것은 발음이다. 화자의 영어 발음에서 모국어가 느껴진다. 단어도 차이가 난다. 특히 음식이나 자신의 문화에 관련된 이야기를 할 때, 이들은 영어식 발음으로 자신들의 문화를 소개하지 않고, 자신들의 언어로 해당 단어들을 말한다. 이를 듣는 영국 사람들은, 영어 말고 또 하나의 언어를 갖고 사는 이들을 부러운 듯 바라본다.

다른 외국어는 얼마나 중요할까?

영국의 한 초등학교에서 인도의 언어 상황에 대한 강의를 했다. 영국에는 인도계 영국인들이 아주 많다. 그렇지만 대부분의 영국 아이들은 인도에서 사용하는 언어가 어떤 언어인지 잘 모른다. 영어의 시대를 살아가는 누구나 어디에서나 겪는 문제이다. 세상에는 영어만 있는 게 아니다.

지인에게서 이런 이야기를 들은 적이 있다. "우리 딸 클레어한테는 일본인 친구가 있었어요. 그 아이는 항상 아주 예쁜 도시락(벤토)을 가지고 왔어요. 우리 아이는 그 일본인 아이하고 친하게 지냈는데, 지금 대학생인

그림 14-1 영국 어린이들이 인도 언어에 대한 수업 중이다.

클레어는 종종 그때의 경험을 이야기하면서, 아키코와 친구로 지낸 경험이 자신이 다른 언어와 문화에 마음을 여는 데 중요한 역할을 한 것 같다고 해요."

　우리와 공존하는 다른 언어와 문화에 대한 긍정적인 경험은 아이의 포용력을 한층 성장시킨다. 아이가 낯선 언어나 문화를 접할 때, 두려움과 거부감을 느끼기보다는 호기심과 열린 마음으로 다가가게 되는 것이다. 이런 경험은 꼭 다른 나라에서만 겪을 수 있는 것이 아니다.

　내가 한국을 떠나던 20년 전만 해도 우리나라는 다언어, 다문화 사회

영어의 아이들

와는 거리가 있었다. 지금은 그렇지 않다. 우리에게 외국의 언어와 문화는 그렇게 낯설지 않은 위치에 있다. 동남아시아, 중국, 일본뿐 아니라 영미권을 비롯해서 여러 나라 사람들이 우리나라에 와서 공부하고, 일하고, 혹은 가정을 꾸리며 더불어 살아간다.

2018년도 인구 주택 총조사에 따르면, 전해 우리나라 다문화 가정은 33만 5000가구, 가구원은 100만 9000명으로 100만 명을 넘었고, 다문화 가구원은 총인구(5136만 명)에서 2퍼센트를 차지한다. 앞으로 이 수치는 계속 늘어날 것으로 전망된다. 부모의 국적은 베트남이 24.2퍼센트, 중국 21.3퍼센트, 일본 13퍼센트, 필리핀 12.6퍼센트 순이었다. 그런데 우리는 얼마나 이 언어들에 관심을 갖고, 알고 배우고자 하는가? 안타깝게도 이 아이들은 또래의 아이들에게 언어와 문화가 다르다는 이유로 따돌림을 당한다고 한다. 대개 이 아이들은 어머니의 언어를 모른 채, 아버지의 언어인 한국어만 습득하는 경우가 많다. 그렇다 보니 왕따와 같은 문제를 당해도 어머니와 마음을 열고 대화하는 것조차 쉽지 않다.

우리는 우리 사회의 새로운 이웃들이 한국어를 배우기만 강요하지, 우리도 그들의 말과 문화를 배워야 한다고는 별로 생각하지 않았다. 이것은 영어에 대한 거의 사대적인 자세와는 또 다르다. 세계와 소통하기 위해 영어를 배우는 것이라면, 새로운 이웃들과 소통하기 위해 그들의 언어와 문화에 마음을 열어야 한다.

진정한 발전과 통합을 위해서는 무엇보다 사회에 만연한 언어와 문화에 대한 배타적인 자세를 극복해야 한다고 생각한다. 늘어나는 다문화 가정의 아이들은 골칫거리도 아니고, 이 사회의 아웃사이더도 아니다. 이들은 바로 함께 이 땅에 살아가는 우리 아이들이고 우리 이웃이다.

영어만 강조하는 초등학교에서 이미 오래전 이웃이 된 다른 나라들의 언어와 문화에 대해서도 관심을 갖고 가르치는 시간이 있다면 어떨까 생각해 본다. 이를 통해 다문화 가정의 아이들이 어머니 나라의 언어와 문화에 대해 자긍심을 갖게 해 줄 수 있게 말이다. 다른 언어를 배우고 문화를 배우는 것이 쉽지는 않다. 그렇지만 이것이 다문화 사회를 살아가는 지혜이며, 서로의 열린 마음과 배려를 통해 서로 다른 내가 모여 더 강한 우리가 되는 귀한 경험을 얻고 다언어, 다문화 세대에서의 참된 문화 강성을 체험하게 될 것이다.

Tips!

미국식 영어도 다양한 영어의 하나일 뿐입니다. 아이가 반드시 미국식 영어를 구사해야만 옳은 것이 아니고요. 영어를 배우기 시작하고 한국식 영어를 하는 것은 당연한 수순이며 아이가 영어와 친숙해지고 있다는 방증이기도 합니다. 흔히 외국어를 배운다고 하면 사람들은 가장 먼저 영어를 떠올립니다. 그러나 세계에는 영어 외에도 다양한 언어가 존재해요. 근래에는 우리나라에서도 다언어, 다문화 가정을 쉽게 접할 수 있다. 그런데 바로 가까이에 있는 우리 이웃인 그들의 언어와 문화에 대해 우리는 얼마나 알고 있을까요? 영어에만 맹목적인 관심을 보일 것이 아니라 때로는 좀 더 가까운 곳에도 눈을 돌려보는 것은 어떨까요?

영어의 아이들

15
영국 영어가 가장 좋을까요?

한국어의 국적은 한국, 영어의 국적은 다국적

미국 영어, 영국 영어, 캐나다 영어, 호주식 영어는 소위 원어민이 구사하는 영어이다. 아마도 우리 사회가 원하는 영어일 것이다. 그렇다면 이런 영어를 좋은 영어라고 간주할 수 있을까? 혹은 원어민 영어는 좋은 영어의 필요 충분 조건일까? 이 질문에 대한 대답을 찾기 전에 먼저 좋은 영어의 정의에 대해 고민해 볼 필요가 있다.

먼저 우리의 언어, 즉 한국어의 경우는 어떠한가? 서울말은 부산말보다 더 좋은 말일까? 우리는 표준어를 "교양 있는 사람들이 두루 쓰는 현대 서울말"로 정의하기 때문에 사람에 따라 표준어, 혹은 서울 사람이 구사하는 언어가 좋은 말이라고 생각하기도 한다. 그래서 외국인에게 한국어를 가르칠 때 서울 사람이 서울말을 가르치는 것이 가장 이상적이라고 여길지도 모른다. 그런 기준에 따르면, 부산이 고향인 사람은 한국어 교사로서

적합하지 않은 걸까?

이 논리가 영어에도 그대로 적용될 수 있을까? 한국어는 한국인의 언어로, 국제어로 보기 힘들다. 한국어를 배운다는 것은 한국인이 사용하는 언어를 배운다는 뜻이고 한국인과 대화하기 위해서 배운다. 하지만 영어는 국제어이다. 그렇기 때문에 '어떤 사람들이 사용하는 영어가 표준어'라는 식으로 표준 영어를 정의하는 것은 불가능하다. 또한 표준어가 '한 나라의 공용어'라는 위치에 있다고 해서 다른 방언들보다 더 우월하다고 할 수 없다. 마찬가지로 한 나라의 영어가 다른 나라의 영어보다 우수하고 이상적이라고 말할 수도 없다. 수많은 학자들이 1960년대 이후로 표준 영어를 정의하기 위해 부단한 노력을 기울였지만 결국 성공하지 못했다. 표준 영어란 사회가 임상적으로 만든, 머릿속에만 존재하는 상상의 언어라는 것이 오늘날 일반적으로 받아들여지는 입장이다.[1]

그럼에도 불구하고 한국 사회는 한국어에서 서울말, 즉 표준어가 차지하는 큰 위상을 떠올리며 끊임없이 표준 영어를 규정하려 하고 이를 좋은 영어라고 믿는 경향이 팽배하다. 그 결과 미국 표준 영어(General American English)라는 영어를 표준 영어로 인식하게 되었다. 흔히들 가장 악센트가 없다거나 중립적이라고 생각하지만 근거가 부족하다. 사람들의 인식에서 나온 표현이기 때문이다.

미국 동부와 서부 지역의 영어는 서로 많이 다르고, 또 남부 텍사스 지역의 영어는 미국 영어가 그리 익숙하지 않은 사람이라도 쉽게 다름을 인지할 수 있다. 한국처럼 좁은 나라도 지역 간의 언어가 이처럼 다른데, 미국처럼 큰 나라라면 지역 간의 언어 차이가 어떠할지 쉽게 상상할 수 있을 것이다. 그렇다면 중서부를 제외한 나머지 드넓은 미국 지역에서 미국인이 구사하는 영어는 표준 영어가 아니므로 좋은 영어가 아닐까?

영어의 아이들

영국 영어 또한 지역 간 특색이 아주 강한 것으로 악명이 높다. 영국인들이 농담으로 "한 길 건너 저 동네 말은 우리 동네 말이랑 달라."라는 말을 할 정도로 지역 간의 언어 차이는 엄청나다. 특히 영국은 잉글랜드, 스코틀랜드, 웨일스, 북아일랜드 총 네 구성국이 연합해 형성한 국가로, 지역 간의 특색은 물론 사용하는 언어까지 서로 다른 것은 당연하다. 미국 중서부 영어에 익숙한 한국인이라면 영국 도시를 여행하면서 자신의 영어 실력을 자책하기 십상이다.

한편 한국인은 캐나다 영어를 미국 중서부 지역의 영어와 비슷하다고 생각하는 경향이 있다. 그러다 보니 캐나다 영어를 표준 영어라고 여기고 캐나다 출신 원어민 교사가 영어학원계에서 인기를 끈다고 한다. 하지만 엄밀히 말하자면 캐나다 역시 큰 나라로, 지역 간 영어의 차이가 존재한다. 캐나다 퀘벡 출신의 영어와, 캐나다 동부 지역 뉴펀들랜드 출신의 영어는 상당히 다르다. 호주 영어 역시 북부와 남부의 영어가 서로 다르다. 물론 땅덩어리의 크기에 비하면 그 다름이 영국이나 미국에 비해 약소하다고 느낄 수도 있겠지만, 대부분의 호주인은 특히 북부에 있는 퀸즐랜드 영어와 남부에 위치한 남(南)호주 영어가 다르다는 데 동의할 것이다.

한 연구에 따르면, 한국인은 미국 영어를 실용적인 영어로, 영국 영어를 "고급 영어", 또는 "있어 보이는" 영어로 인식하는 한편, 캐나다 영어는 미국 영어와 비슷한 영어로, 호주 영어는 영국 영어의 방언으로 여긴다고 한다.[2] 한국인이 생각하는 영어를 잘 보여 주는 흥미로운 연구이다. 이 서로 다른 모든 영어가 과연 잘못된 영어일까? 서로 다른 언어를 두고 좋고 나쁘고, 옳고 그름을 판단하는 것 자체가 가능할까?

다양한 영어의 특징들

영어를 제1언어로 사용하는 나라들의 영어는 제각기 강한 개성을 지니고 있다. 그 나라의 문화가 반영됐기 때문이다. 호주 영어를 살펴보자. 우리 인사말에 "진지 드셨어요?", "점심 먹었어?" 등 밥과 관계된 표현이 많듯이, 호주 영어에는 계절에 관계된 인사 표현이 많다. 호주 문화의 평등 의식을 반영하듯 'mate(친구야)'란 단어를 일상적으로 사용한다는 것도 특징적이다. 문제가 생겼을때 "We will be alright.(우리 괜찮을 거야.)"란 표현을 자주 사용한다. 이것은 호주인의 긍정적인 사고 방식을 반영한다고 한다. 미국인이 "What's up?"이라고 인사할 때 호주인은 "How is it going?"이라고 말한다. 호주 학생들은 주로 교수를 이름으로 부르지만, 싱가포르 학생들은 항상 'Prof' 또는 'Dr' 뒤에 성을 붙여 교수를 부른다. 이러한 차이를 두고 어느 쪽이 옳고 그른지 따지는 것은 의미가 없다.

그럼에도 불구하고 이왕이면 미국식 영어가 호주식 영어보다 좀 더 낫지 않나 생각한다면 아마도 한국 사회에서 영어가 지닌 사회적 효과 때문일 것이다. 같은 옷을 입더라도 이왕이면 유명 브랜드 옷을 입으면 지위나 취향에 있어 보다 우월해 보이는 후광 효과의 덕을 볼 수 있듯이 미국식 영어의 후광 효과가 있지 않을까, 믿어 버리는 것이다. 그러나 세계 어느 나라에 가더라도 무명 브랜드보다 비싼 명품 브랜드와 달리, 미국식 영어의 사회적 가치는 해외 어디에서나 유지되지 않는다.

한국에서 인정받는 미국식 영어가, 다른 나라에서도 같은 가치를 인정받으리라고 기대할 수 없다는 뜻이다. 한국에서 미국식 영어가 갖는 사회적 가치는 전적으로 한국이 미국으로부터 받은 커다란 정치적, 사회적, 교육적 영향 때문이다. 그러한 영향 중 영어 교육의 영향은 특히 지대했다.

영어의 아이들

미국의 국제적 영향력을 과소 평가를 해서는 안 되겠지만 그렇다고 해도 미국 영어로부터 한국만큼 강하게 영향을 받은 나라는 찾아보기 힘들다. 다민족 국가인 싱가포르에서는 세계 각국에서 온 이들이 영어로 의사소통을 하는데, 이곳에는 특정 국가식 영어라는 개념이 무색할 정도로 다양한 방식의 영어가 존재한다.

국제 언어로서 영어는 이를 사용하는 사회의 문화를 잘 반영해야 한다. 지속적으로 보다 많은 이들이 영어를 국제어로서 사용히는 한 영어는 더욱 빨리 변할 것이고, 단어며 숙어나 인사 표현 등 역시 무한정 증가할 것이다. 미국 문화를 반영하기 위해 한국어 사전에 미국식 영어 단어를 등재할 필요가 없지만, 한 나라의 언어가 아닌 국제어로서 영어는 한국 문화를 반영하기 위해 부단히 노력해야 한다.

한국어의 기여

문화와 언어 사이에는 아주 밀접한 연관이 있다. 한국어로만 표현할 수 있는 여러 개념을 영어 단어로 표현하는 것이 매우 어려운 것은 그 때문이다. 한국 특유의 정서, 예를 들어 '정', '체념' 같은 단어나 '미운 놈 떡 하나 더 준다.' 같은 속담을 어떻게 영어로 옮길 수 있을까? 미국인이 쓰는 영어 단어로만 이런 개념을 전달하는 것은 큰 한계가 있다. 효과적이지도 않다. 과거에는 김치나 불고기를 '절인 양배추(pickled cabbage)', '마리네이트한 쇠고기(marinated beef)' 등으로 풀어서 번역한 것을 종종 보았지만, 요즘은 'kimchi' 혹은 'bulgogi'처럼 발음 그대로 고유 명사로 사용하는 것이 더 흔하다.

2020년도 미국 아카데미 시상식에서 주요 네 부문을 차지하며 전 세계적으로 화제를 모았던 봉준호 감독의 영화 「기생충」에서 한국 특유의 가옥 구조인 '반지하'는 매우 중요한 개념이다. 이를 영국 BBC는 'Ban Jiha'라고, 미국 CNN은 'semi-basement'라고 옮겼다. 즉 영어를 사용하는 사람들의 태도 역시 바뀌고 있는 것이다. 전 세계인이 국제어로서의 영어를 공유하면서 세계 여러 나라의 문화 역시 자연스럽게 녹아들고 있다.

높은 명성과 권위를 지닌 옥스퍼드 영어 사전도 이러한 영어의 국제어로서의 위상과 특징을 반영해 매년 새로운 외래 단어를 발빠르게 등재하고 있다. 예를 들어 태권도와 김치가 옥스퍼드 사전에 등재되어 있는데, 이는 태권도와 김치가 한국어 단어임과 동시에 영어 단어가 되었다는 의미이다. 세계 많은 나라의 특색을 반영한 단어들이 끊임없이 옥스퍼드 영어 사전에 이름을 올리고 있다. 옥스퍼드 사전에 등록된 한국어 단어, 일본어 단어는 17장을 참고하자.

세계인의 영어를 배우자

세계는 더욱 더 글로벌화되고 있고, 영어의 역할과 위상 역시 이와 함께 점점 커지고 있다. 2015년 현재 약 75개 국가/ 영토에서 영어를 제 1언어, 또는 공식 언어로 사용 하고 있다.[3] 표 15-1은 인구의 40퍼센트 이상이 영어를 사용하는 국가와 영토를 표시한 결과이다.

이처럼 여러 나라에서 영어를 사용한다는 것은 그만큼 여러 종류의 영어가 사용되고 있음을 의미한다. 예를 들어 그림 15-1에서 살필 수 있듯, 세계 영어는 여덟 그룹으로 나뉘고, 그 안에 다양한 영어가 존재한다. 영어

표 15-1 영어 사용 국가, 영토별 영어 사용자 최대-최소 비율.[4]

	국가, 영토	영어 사용자 비율 (%)*
1	아메리칸사모아	100.0
2	앤티가 바부다**	100.0
3	바베이도스**	100.0
4	버뮤다	100.0
5	케이맨 제도	100.0
6	그레나다**	100.0
7	아일랜드	100.0
8	몬트세랫**	100.0
9	세인트키츠 네비스**	100.0
10	영국	100.0
11	기타 속령	100.0
12	뉴질랜드	99.6
13	영국 왕실령섬 (채널 제도, 맨섬)	99.6
14	자메이카**	99.4
15	괌	98.8
16	세인트빈센트 그레나딘**	98.3
17	트리니다드 토바고 공화국**	97.9
18	호주	97.4
19	팔라우 공화국	97.4
20	가이아나**	97.1
21	지브롤터	96.8
22	나우루 공화국	96.7
23	바하마**	96.6

(계속)

24	영국령 버진아일랜드**	96.2
25	벨리즈**	96.1
26	라이베리아**	96.1
27	수리남**	94.5
28	북마리아나 제도**	93.3
29	바누아투 공화국**	93.3
30	미국령 버진아일랜드**	92.6
31	시에라리온 공화국**	90.3
32	도미니카 연방	90.0
33	미국	86.7
34	마셜 제도 공화국	85.7
35	캐나다	85.4
36	파푸아뉴기니**	63.0
37	아루바	62.9
38	싱가포르	54.7
39	사모아 독립국	52.2
40	푸에르토리코	49.3
41	짐바브웨	48.8
42	카메룬**	48.4
43	필리핀	48.2
44	미크로네시아 연방국	47.4
45	나이지리아**	47.4
46	세인트루시아**	44.9
47	브루나이	41.9
48	세이셸 공화국	41.3

(* 국가, 영토별 총 L1 및 L2 화자 수 추정치를 2001년 기준 인구로 나누고 소수점 첫째 자리로 반올림으로 계산
** 영어가 피진이나 크리올로 사용되는 국가, 영토. 피진이나 크리올은 영어의 방언으로 볼 수 있다.)

영어의 아이들

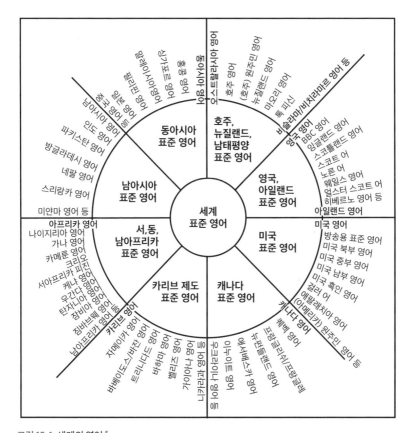

그림 15-1 세계의 영어.[5]

의 다양성을 연구하는 많은 학자들이 영어의 다양성을 구분하려는 여러 연구가 진행되고 있다. 북미식, 호주식, 영국식 영어뿐만 아니라 동아시아식, 동남아식, 아프리카식 영어까지 영어의 개성과 다양성은 우리의 상상을 뛰어넘는다.[6]

원본 차트가 1980년대 후반에 작성되었음을 감안하면, 현재의 아이들이 성인이 되었을 무렵 영어의 다양성과 그로 인한 특색을 짐작할 수 있을 것이다. 이처럼 다양한 영어의 특색을 반영해 영어(English)를 복수화해 영어들(Englishes)이라고 칭하기도 한다. 특히 '세계 영어들(World Englishes)'[7] 또는 글로벌 영어들(Global Englishes)은 사회 언어학과 영어 교육학의 한 분야로서 활발한 연구가 진행되어 왔다.

표준 영어란 무엇인가?

국제 무대에서 이처럼 다양한 영어가 사용되고 있는데 북미식 발음, 원어민의 영어만을 영어 실력의 절대적인 평가 기준이 되어서는 안 된다. 한국의 영어 교육이 북미식 영어를 표준 영어로 인식하고 그러한 표준 영어만이 '진짜' 영어, 혹은 제대로 된 영어라는 잘못된 개념을 심어 주었는데, 사실 '표준 영어'를 정의하는 것은 거의 불가능하다. 표준 영어를 정의하려는 시도는 무수히 많았지만 학자들은 끊임없이 서로의 의견에 문제를 제기한 끝에 결국은 표준 영어에 대한 단일한 정의 자체가 불가능하다는 데 동의하기에 이른 듯하다. 표준 영어의 정의와 입장 중 대표적인 논의 몇 가지만을 정리해 보았다.

① 영국에서 교육받은 사람들의 방언. 교육 기관에서 일반적으로 사용하는 문어체로, 라디오와 TV등 공적인 방송에서 접할 수 있는 영어.[8]

② 일반적으로 작문에 사용하는 영어, 혹은 '교육 받은' 영어 사용자가 사용하는 영어. 이 정의는 문법과 어휘에 한할 뿐 발음(악센트)은 해당하지 않는다.[9]

③ 표준 영어보다 표준 영어 문법, 어휘라는 용어가 훨씬 정확하다. 영어라는

언어 전체를 규정하는 것은 불가능하기 때문이다. 이를테면 표준 영어의 악센트를 규정할 수 없다. 이렇듯 표준영어라는 표현은 영어의 한 부분인 문법과 어휘만을 지칭할 수 있을 뿐이다.[10]

④ 모든 원어민이 배우고자 하지만, 대분분의 원어민이 실제 발화에서는 사용하지 않는 영어이다.[11]

핵심은 조금씩 다르지만 표준 영어를 악센트로 정의하지 않고, (구어체가 아닌) 문어체, 문법 그리고 단어 등에 국한시켜 정의한다는 점이 공통적이다. 영국의 사회 언어학자 피터 트루질(Peter Trudgill)은 표준 영어를 정의하는 것보다는, 표준 영어가 아닌 것을 정의 하는게 효율적이라고 주장했다. 그가 1999년에 정의한 표준 영어가 아닌 것은 다음과 같다.

① 표준 영어는 언어가 아니다. 몇 종류의 영어 중 일부일 뿐이다.
② 악센트가 아니다. 영국에서 단지 5퍼센트도 안 되는 사람이 소위 인식되는 표준 영어의 악센트로 영어를 구사한다.
③ 스타일도 아니다. 격식체, 비격식체, 혹은 그 중간의 스타일 모두 표준 영어가 될 수 있다.
④ 설정된 규칙이 아니다. 이 규칙은 항상 변한다.

영어 교육의 편의를 위해 정의된 영어

그렇다면 이처럼 정의하기도 불가능한, 어쩌면 허상에 불과할지도 모르는 표준 영어에 우리는 왜 이토록 집착하는 것일까? 아마 가장 큰 이유는 영어 교육의 편의를 위해서였을 것이다. 표준 영어에 실체가 없고 그 정의는 저마다 다르다면, 영어 교사 혹은 영어 교재를 만드는 이들은 학습자에게 어떤 영어를 모범으로 제시해야 할지 막막할 것이다. 그러다 보니 국제적 명성을 지닌 영어 출판사들의 연구 결과를 바탕으로 교재를 제작하고, 이들이 제시하는 영어를 표준 영어로 받아들인 뒤 이를 가르치게 되었다. 이런 상황이 한국에만 국한된 것은 아니다. 영어를 제2언어로 사용하는 대부분의 사회가 교과서에 제시된 영어의 모델을 바탕으로 영어를 가르친다.

영어 교육에 몸 담은 지 20년이 되어 가는 나 역시, 그러한 모델의 편리함을 부인하지는 않는다. 단지 교과서 영어가 유일한 모델처럼 강조되어서는 안된다. 교과서처럼 영어를 구사하지 못한다고 영어 실력이 형편없는 것도 아니다. 여러 버전의 영어가 있고, 영어의 모델은 항상 변화 중이라는 점을 기억하자.

끊임 없이 빠르고 다양하게 변하는 영어

영어는 끊임 없이 변하고 있다. 더 많은 세계인이 영어를 사용하면 할수록, 국제어로써의 영어의 변화는 더욱 가속화될 것이다. 영어가 한국에 도착해 한국인들에게 사용되고 한국어와 교배하면서, 한국 정서에 맞는 영어 단어와 표현들이 새롭게 만들어졌고, 이는 다시 한류 열풍을 타고 해외로 전파된다. 그 결과 국제 무대에서도 한국인의 영어 조어들이 자연스럽게 사용된다. 몇몇은 새로운 영어 단어로 옥스퍼드 영어 사전에도 등록될 것이다. 그렇게 콩글리시는 한국어인 동시에 영어가 되는 것이다. 어떠한 콩글리시가 세계인에게 널리 받아들여져 국제적인 표현이 될지 예상하는 것은 쉽지 않다. 한국어의 변화 속도는 우리도 이미 잘 감지할 수 있다. 국제어로서의 영어는 그 변화가 한국어보다 더 빠르고 더 다양할 것이다. 특히 인터넷의 사용은 이를 더욱 부추기고 있다.

Tips!

영어는 국제어로서의 위상에 걸맞게 지속적이고 신속하게 변화 중입니다. 다시 한 번 질문해 보겠습니다. 원어민의 영어만이 좋은 영어일까요? 국제어로서 다양한 문화를 부단히 반영하고 있는 영어의 효율성을 너무 제한하고 있는 것은 아닐까요? 우리가 표준 영어라고 믿는 교과서적인 영어를 쓰지 못한다는 자책은 그만 두고 무조건 원어민 같은 발음을 고집하지도 말아야겠습니다. 나와 내 아이가 사용하는 영어가 다시 세계인의 언어, 즉 국제어로서의 영어에 영향을 끼친다는 것을 기억하시면 됩니다. 이제는 원어민도 다양한 영어를 익혀야 하는 시대가 왔습니다. 원어민 교사에게 한국인이 주로 사용하는 영어 단어 혹은 콩글리시를 알려주세요. 그 단어 혹은 표현이 어디서 유래했으며 어떤 과정을 거쳐 국제적으로 통용될 수 있을지 함께 이야기해 보세요.

16
영어는 정말
정복의 대상일까요?

원어민처럼 영어를 구사할 필요성?

영어를 싫어하거나 두려워하는 아이들이 많을 것이다. 그 근본적인 이유와 해결책을 생각할 필요가 있다. 사실 아이들뿐 아니라, 대부분의 한국인이 영어를 겁내고 어려워한다. 영어를 어려운 과목, 정복의 대상, 혹은 평가의 수단이라고 생각하기 때문은 아닐까? 많은 한국인이 영어를 반드시 정복해야 하고, 이를 위해 많은 희생을 각오한다. 길고 지난한 영어와의 '싸움' 끝에 좋은 성적표와 명문 대학 진학이라는 '보상'이 따른다고 믿는다. 비장하기가 이루 말할 수 없을 지경이다. 이는 한국에서 영어가 지닌 사회적 가치와 아주 밀접하다.[1] 우리나라에서는 같은 말이라도 영어로 하면 속된 말로 좀 있어 보이거나, 똑똑해 보인다고 여기는 것 같다. 그리고 미국식 영어가 '진짜 영어'라는 우리의 믿음이, 영어의 사회적 가치에 희소성까지 더해준 것은 아닐까?

지나치게 커진 영어의 사회적 가치와 함께 영어를 부담스럽게 만드는 또 다른 원인은, 미국 영어를 배우고 구사해야 한다는 일종의 신념이다. 그러나 한국인이 미국인처럼 영어를 구사하는 것은 애초에 거의 불가능하다는 것이 이 신념 어린 짝사랑의 최초이자 최대의 비극이다. 불가능한 목표를 제시하는 영어 교육의 풍토가 아이들을 '잠재적 영어 실패자'로 만들고 아이들은 이를 단번에 감지한다.

그 결과 영어를 불필요하게 싫어하고 두려워하기에 이른다. 아무리 열심히 영어를 공부해도 원어민의 영어를 보면 주눅이 들고 '난 언제 원어민처럼 영어를 할 수 있지?' 생각해 본 적 있을 것이다. 부모님이 한국인이고, 모국어가 한국어인 학생에게 원어민처럼 영어를 하라고 강요하는 것은 코끼리에게 냉장고로 들어가라고, 열심히 하면 된다고 말하는 것처럼 부당하다. 또한 국제어로서 영어의 위상을 고려하면 부당을 넘어 쓸모 없는 일이기도 하다.

물론 원어민 또는 미국 영어의 사회적 가치 혹은 권위를 무시하는 것은 쉽지 않다. 그러나 영어의 사회적 가치가 영어의 본질적 가치, 즉 언어적 가치보다 더 과대평가되는 것은 문제다. 언제나 잊지 말아야 하는 것은 '영어는 언어'라는 사실이다. 언어는 의사소통의 수단이다. 우리 사회에서는 영어를 의사소통의 수단이 아닌, 가진 자와 못 가진 자, 성공한 사람과 실패한 사람, 우등생과 열등생을 판가름해 부당하게 차별하는 잣대로 사용하고 있는 것은 아닌지, 이런 상황에서 영어를 싫어하고 두려워하는 것은 어찌 보면 당연한 일이다.

맞고 틀리고의 문제가 아니다

한국 사회에서 통용되는 영어의 가치가 아닌, 국제어로서 영어의 위상을 생각해 보자. 영어가 지닌 언어적 힘은 참으로 대단하다. 국제화 시대에 영어를 잘 구사하면 수많은 혜택이 따른다. 수백억 지구인과 소통을 할 수 있고, 다른 나라의 새로운 지식 문화를 습득할 수 있다.

개인적으로 코미디언 김영철 씨의 영어를 좋아한다. 영어학자로서 바라볼 때 그의 영어는 여러모로 귀감이 된다. 텔레비전 프로그램 진행자가 "돈을 주고 배운다면 김영철 씨의 영어보다는 교포 출신 가수의 영어를 배우고 싶다."라고 농담 반 진담 반으로 꺼낸 이야기는 한국인 특유의 영어 공포증의 단면을 잘 보여 주는 순간이었다. 원어민의 영어만을 소위 '고급' 영어라고 인지하는 우리 사회의 현실을 잘 반영한 언급이 아니었나 싶다. 그런 사회에서는 국제어로서 영어를 배우고 싶은 것이 아니라, 사회가 영어에 부여한 상징적 가치를 욕망한다는 쪽임을 짚고 넘어가야 한다. 이는 달성될 수도 없고 할 필요도 없는 욕망이다.

세계인과 영어로 대화할 때, 어느 쪽의 영어가 잘 통할까? 김영철 씨의 영어 표현은 그대로 맛깔스럽고 효율적이다. 무엇보다 항상 그의 의사를 잘 전달한다. 물론 김영철 씨 역시 미국식 영어를 배우려고 엄청나게 많은 노력을 기울였을 것이다. 그러나 그가 미국 영어를 구사한다고 생각하지는 않는다. 국제 무대에서 더욱 잘 통하는 영어는 오히려 미국 영어가 아닌, 김영철 씨의 영어일 가능성이 크다.

중요한 것은 나의 영어가 맞는지 틀렸는지가 아닌, 통했는지 안 통했는지(의사가 전달되었는지 아닌지)를 자문하는 자세, 그리고 답을 구하는 과정에 있다. 문법적으로 맞는 영어를 표현해야 한다는 강박 관념은 영어를 부담스럽게 만드는 주된 요인 중 하나이다. 쓰기와 작문에서 문법이 차지하는 비중에 비해 말하기와 대화에서 문법의 중요성은 상당히 낮아질 수밖에 없다는 것을 기억하자. 말하기에서 문법보다 중요한 것은 상대와 맥락을 고려한 어휘와 표현의 선택이다. 이러한 말하기 훈련은 그 상대가 미국인뿐만이 아니라 다양한 나라의 출신일 때 더 효율적이다. 예를 들어 미국인에게 통한 영어가, 싱가포르인에게는 통하지 않을 수 있고, 호주인에게는 이상하게 들릴 수 있다.

국제어로서 영어는 급격한 변화를 겪는 중이다. 20억여 명의 비원어민들이 활발하게 사용하면서 그 변화를 가속화하고 있는 영어에 있어, 올바른 영어 혹은 정확한 영어를 학문적으로 정의하는 것은 점점 어려워졌다. 이런 상황에서 국제 사회가 요구하는 '좋은' 영어는 문법에 맞는 영어가 아닌, 통하는 영어, 즉 효율적인 영어이다. 반면 원어민, 그중에서도 북미의 원어민 영어를 이상화하고, 무조건 이를 완벽하게 구사해야만 한다는 믿음은 심각하게 비효율적이다.

비원어민이 영어 변화의 주된 원동력

영어가 국제 사회에서 필요한 의사소통을 위한 수단이라는 사실은 아무리 강조해도 지나치지 않다. 우리는 세계인과 영어로 의사소통하기 위해 영어를 배운다. 그리고 세계인의 대부분은 비원어민이다. 확률상 우리가 영어로 대화할 때 그 상대가 비원어민일 가능성이 현저히 높다.[2] 영국 문화원의 한 연구는 영어 사용 인구를 1770년에 약 700만 명에서 2070년 약 100억여 명으로 예측했다. 또한 1950년에는 원어민 수가 전 세계 인구

영어의 아이들

의 약 8퍼센트가 조금 넘지만, 100년이 지난 2050년쯤에는 원이민 수가
전 세계 인구의 약 5퍼센트도 안 된다고 예측했다.

미국식 속담은 미국에서나

우리 아이가 앞으로 영어를 쓸 때의 상황을 고려해 보면, 원이민이 아
닌 사람과, 또는 원어민이 없는 장소에서 영어를 사용할 확률이 현저히 높
다는 것이다. 이러한 국제인과 영어로 소통할 수 있는 능력을 기르고자 한
다면 여러 나라 사람들이 제각기 다른 방식으로 영어를 구사하는 것에 익
숙해지는 것은 그 첫걸음이 될 것이다. 원어민에게 영어를 배우는 것은 중
요하지 않다. 오히려 필요한 것은 다양한 영어 사용자와의 접촉이다.

원어민 영어, 특히 북미 원어민의 영어에만 익숙하다 보면 영어를 제2

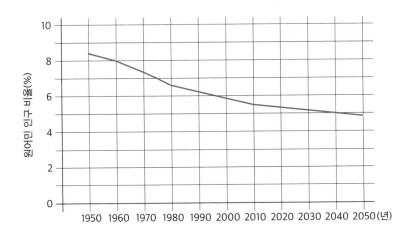

그림 16-1 **원어민 비율의 감소세.**[3]

언어로 사용하거나 혹은 미국 영어와 많이 다른 영어를 제1언어로 사용하는 이들의 영어가 매우 낯설게 느껴질 수 있다. 싱가포르식, 필리핀식, 호주식, 혹은 남아프리카식 영어를 듣고 이게 영어인가 의아해할 수 있다. 그러나 국제 무대를 누비게 될 인재라면 우리나라와 교역이 많은 동남아시아의 영어 역시 자유자재로 이해하고 이들과도 소통할 수 있어야 할 것이다. 이때 중요한 것은 다양한 영어를 재빨리 파악하고 분석하는 능력이다. 물론 개별 영어 사용자의 다양한 영어를 모두 배우고 가르치는 것은 불가능하고, 효율적이지도 않다. 현실 세계에서 만나게 될 영어 대화 상대가 다양한 영어를 구사할 수도 있다는 것을 인지하고 이에 대한 준비를 하자는 것이다.

동남아시아에서 무역을 할 때 원어민의 영어가 오히려 비효율적이라는 것은 많은 연구를 통해 밝혀진 바 있다.[4] 글로벌 시대에 필요한 영어 구사력이란 결국 상대의 영어 사용을 신속하게 파악하고 어떠한 표현을 사용해 대화를 진행하는 게 좋을지 판단할 수 있는 능력이다. 미국 문화권에서만 통용되는 속어, 속담 등을 비싼 비용을 내면서 배운다 한들, 실전 상황에서는 그러한 속어나 속담을 사용하는 것이 오히려 효율적인 의사소통에 방해 요소가 될지도 모른다. 말 그대로, 미국식 속담은 미국에서나 잘 통하는 이야기일 뿐, 세계 무대에서는 그렇지 않을 수 있기 때문이다. 반면 김영철식 영어, 반기문식 영어는 지극히 효율적인 영어이다. 세계 어느 나라 사람을 만나도 효율적으로 의사소통할 수 있는, 국제어로서의 영어로 손색이 없다. 그들의 발음이 한국 사회에서 이상적으로 여기는 영어가 아니라는 것은 여기에서 전혀 중요하지 않다.

영어의 아이들

Tips!

영어는 언어입니다. 그중에서도, 국제 사회에서 긴요한 의사소통의 수단이 되는 국제어입니다. 북미식 영어, 북미의 원어민 영어만이 절대적인 평가의 기준으로 상징적인 가치를 가지는 것은 지극히 슬픈 한국의 현실입니다. 나의 영어가 국제 사회에서 잘 통할 수 있다는 믿음을 가질 필요가 있어요. 이제는 의사소통의 수단이자, 나의 의사를 청자에게 전달하는 영어의 역할을 되새길 때입니다. '원어민처럼 영어를 구사하는 것'을 목표로 삼는다면 영어의 실패자란 딱지가 영원히 함께합니다. 도달 가능성도 의미도 없는 잣대를 버리고 다양한 국적의 다양한 영어 사용자를 접할 기회를 만들어 보세요. 그러다 보면 나의 영어가 그 모든 상황과 상대에게 통하는 효율적인 영어인지를 자문하게 될 것입니다. 우리에게 필요한 것은 효율적인 영어, 통하는 영어에 필요한 것을 고민하는 탐구 정신입니다.

17
영어 울렁증에
어떻게 대처할까요?

영어 울렁증에 대하여

한국인에게 영어는 '사용하지 못하는 혀(unspeakable tongue)'[1]와도 같다. 충분히 기능을 다 할 수 있는 튼튼한 혀가 있음에도 이를 사용해 말을 입 밖에 내는 것은 더없이 힘들기만 하다. 원어민을 만나면 왠지 그들이 내 영어의 약점을 지적하거나 비웃을 것 같아서 자리를 피하고 싶어진다. 대화를 시작하면 또 어떤가. 머릿속은 너무나도 분주한데 나오는 말은 터무니없이 소박하다. 짧은 문장마저 제대로 끝내지 못하는데, 그 사실이 또 마음에 걸려서 그다음 문장은 더욱 위축된다.

많은 한국인들이 한두 번씩은 해 봤을 경험으로, '영어 울렁증'이라고도 한다. 우리는 이 증상의 주 원인이 영어 실력 부족이라고 믿었고, 급기야 정부 차원에서 원어민 영어 교사를 대규모로 고용하기에 이르렀다. 정부에서 EPiK(English Program in Korea)이나 TaLK(Teach and Learn in

Korea) 프로그램을 추진해 1995년부터 모든 국립 학교에 원어민을 배치하려는 노력을 했다. 물론 이런 프로그램의 효율성에 대해서 많은 학자들의 의견은 대립했으나 이러한 정부 차원의 지속적인 투자에도 불구하고, 한국인 대부분은 여전히 영어 울렁증을 호소한다.

유럽인이 더 영어를 잘하는 이유

영어학자이자 교육자인 한편, 평생에 걸친 영어 학습자로서 나는 영어 울렁증의 기원이 항상 궁금했다. 살면서 만난 유럽 출신 아이들의 영어는 한국 아이들에 비해 언제나 자신감이 있었고, 무엇보다 제 나라식의 맛깔스러운 영어를 구사하곤 했다. 그 스스럼없는 영어는 미국식 영어도, 영국식 영어도 아닌 자기식의 영어였다. 그들의 영어를 들으면 이런 생각이 머릿속을 떠나지 않았다. 왜 유독 한국인은 미국식 영어만을 전부라고 여기고 '한국식' 영어는 부끄러워할까?

한국인이 유럽인보다 영어를 못하는 이유를 유럽 언어와 영어의 유사성에서 찾기도 한다. 동일한 인도 유럽 어족이기에 유럽인의 모국어와 영어 사이의 거리가 한국어와 영어 사이보다 가까울 수밖에 없고, 그러다 보면 유럽인이 영어를 배울 때 조금 더 유리한 위치에서 시작하리라는 믿음이다. 하지만 같은 한자 문화권에 속한 한국인과 일본인, 중국인이 서로의 언어를 그렇게 손쉽게 배우는 것도 아니라는 것을 떠올려 보면 그러한 유사성이 결정적인 이유가 아니라는 걸 알 수 있다.

영어의 아이들

나는 미국 영어를 못해!

한국인이 "나는 영어를 못해."라고 말한다면 대부분 미국식 영어, 더 정확히는 미국 원어민처럼 영어를 하지 못한다는 것을 의미하는 것 같다. 그러나 한국인에게 미국식 또는 원어민식 영어가 어려운 것은 지극히 당연하다. 미국인이 즐겨 쓰는 표현, 속어 그리고 그들의 발음을 똑같이 흉내 내는 것은 영어를 20년 넘게 공부한 영어학자에게도 힘든 일이다. 어찌 보면 불가능한 그 목표보다 중요하게 해결해야 할 질문은 "한국인이 북미의 원어민처럼 영어를 해야만 할까?"가 아닐까 싶다.

물론 미국이 한국의 사회, 경제, 역사에 미친 영향을 간과할 수는 없다. 실제로 현재 한국의 영어 교육학자 대부분이 미국 소재 대학에서 교육받은 연구자들이다. '영어' 하면 미국 영어를 먼저 생각하고, 영어의 잣대를 미국식 또는 원어민식 영어에 고정하는 등 미국식 영어가 한국 영어 교육에 지대한 영향력을 행사하는 것은 어찌 보면 당연한 일이다. 그러다보니 미국인과 영어로 대화를 할 때는 한없이 겸손해지다가도 영어를 유창하게 구사하는 필리핀인이나 인도인의 영어에 대해서는 "이 영어 너무 이상해서 도저히 알아들을 수가 없어."라고 부끄럼 없이 내뱉는 한국인을 심심찮게 목격할 수 있다. 분명히 말하건데 이는 한국인을 영어 울렁증에 가두는 가장 큰 원인이자 '북미 원어민 영어 강박증'의 대표적인 증상이다. 북미 원어민의 영어에서 조금이라도 벗어나는 영어를 오답 처리하는 분위기에서 한국인은 영원히 한국식 영어를 기준 미달의 부족한 영어로 간주하고 부끄러워할 수밖에 없다.

비원어민의 기하급수적인 증가세

국제어로서 영어를 구사하는 대다수의 사람들은 영어를 모국어가 아닌 제2언어 혹은 외국어로 사용하는 이들이 되어가는 중이다.[2] 영어의 변화를 이끄는 이들은 북미 원어민에 국한되지 않는다. 오히려 다국적 영어 사용자, 즉 흔히 말하는 비원어민 화자가 그 주된 동력을 제공하고 있다.

영국의 언어학자 데이비드 크리스털(David Crystal)은 1558년과 1603년 사이 영어를 모국어로 쓰는 사람은 300만~500만 명 정도라고 예측했다. 이 숫자는 곧 언어학자 랜돌프 쿼크(Randolph Quirk)에 의해 50배 정도로 상향 조정된 2억 5000만 명까지 늘어났다. 또한 쿼크는 영어를 제2언어로 사용하는 인구가 약 1억 명이라 발표했다.

더욱 놀라운 것은 2008년에 크리스털이 비원어민 영어 사용자의 숫자를 대폭 상향 조정했다는 점이다. 그는 '자신이 영어를 제2언어로 쓴다고 예상한 사람들의 수치는 너무나도 적게 추정된 것으로, 영국 문화원의 통계를 바탕으로 하면 200억 명 정도에 이를 것'이라고 자신 있게 발표했다.[3] 이상 다수의 연구에서 비원어민 영어 사용자 수의 예상치는 조금씩 다르지만, 단언할 수 있는 것은 우리 아이가 자라서 영어로 소통하는 상대의 대부분이 비원어민 화자일 것이라는 사실이다.

비원어민 화자와 영어로 대화하자

비원어민 화자와 영어로 교류함에 있어, 미국식 영어를 고집하는 것이 결코 효과적이지 않다는 것은 이미 여러 학자들의 논의로 증명됐다.[4] 그럼에도 한국에서는 여전히 미국식 영어나 원어민식 영어를 영어 실력의 절대적 잣대로 삼고 있는 것을 보면 만감이 교차한다. 아이로 하여금 원어민식 영어를 구사하게 만들기 위해 영어유치원부터 미국으로 조기 유학이며 어학연수 등 지나치게 많은 노력과 시간이 보람 없이 투여되는 것은 아닌지 안타깝다. 국제어로서의 영어 실력은 불특정 다수 국가 출신과 언제 어디서든 자연스럽게 대화를 이어나갈 수 있는 능력을 의미하기 때문이다.

기생충과 반지하

한국인이 구사하는 한국식 영어에 대한 부정적 태도를 버리지 않는다면 원어민식 영어에 대한 울렁증은 영원히 극복할 수 없을 것이다. '한국식 영어'의 정의는 저마다 다르겠지만 간단하고 넓게 말하자면 한국적인 것이 표현되는 영어라고 볼 수 있겠다. 2020년 2월에 열린 92회 아카데미 시상식에서 4관왕의 영광과 세계적인 칸 영화제에서 최고상인 황금종려상을 받은 영화 「기생충」에 등장한 '반지하'에 대해 'semi-basement'로 소개해야 하는지, 'banjiha'로 소개해야 하는지 외신이 고민을 한 흔적들을 볼 수 있었다. 직역한 단어는 반지하가 가지는 사회 문화적 뉘앙스를 가지고 있지 않다.

이 단어를 영어의 한 반열에 올려 놓은 것은 영화 '기생충'의 몫이었다. 우리는 반지하를 'semi-basement'보다는 'banjiha'가 더 효과적인 단어라고 원어민들에게 말할 수 있는 자세가 필요하다. 바로 이것이 한국식 영어를 자신 있게 사용하는 하나의 예라고 할 수 있다. 둘 중 어느 것을 사용하는가는 원어민들에 의해서 결정이 되는 게 아니라, 한국식 영어를 사용하는 사람들에 의해 결정이 되어야 한다는 것이다.

국제적인 이해를 돕기 위해, 'semi-basement'라든지 'dampy half-underground house'와 같은 설명을 붙여 줄 수도 있다. 단어를 볼 때 이것을 영어로 어떻게 표현해야 되는지에 대한 고민은 할 수 있지만, 영어로 표현하지 못한다고 해서 내가 영어를 못하는 것이라고 생각을 하는 태도는 바꿀 필요가 있다. 그리고 "반지하를 영어로 뭐라고 해요?"라고 미국인에게 묻는 것은 참 이해가 안 된다. 미국인이 한국에 있는 반지하를 한국인보다 잘 알 수는 없기 때문이다.

국제어로서의 영어는 그 탄생에서부터 지금까지 다른 언어권의 단어를 끊임없이 영입하면서 점점 그 어휘를 풍부하게 만들어 왔다. 옥스퍼드

표 17-1 **옥스퍼드 영어 사전에 기재된 일본어 또는 한국어 출신의 영어 단어.**

어원이 일본어인 영어 단어		어원이 한국어인 영어 단어	
영어 단어(등재년)	의미	영어 단어(등재년)	의미
anime(1985)	일본 만화 영화	bibimbap(1977)	비빔밥
bento(1616)	도시락통	chaebol(1972)	재벌
bonsai(1899)	분재, 분재술	doenjang(1966)	된장
dojo(1942)	체육관	gochuchang(1966)	고추장
emoji(1997)	그림 문자	hangul(1951)	한글
geisha(1887)	게이샤	hapkido(1963)	합기도
gyoza(1965)	만두	kimchi(1898)	김치
hiragana(1822)	히라가나	kisaeng(1895)	기생
itai-itai(1969)	이타이 이타이 병	makkoli(1970)	막걸리
izakaya(1987)	선술집	ondol(1935)	온돌

영어의 아이들

영어 사전에는 일본어 출신의 영어 단어들은 530개, 한국어 출신의 영어 단어 19개, 그리고 아프리카 지역에서 온 단어들은 1628개가 등록되어 있는 것만 보아도, 국제어로서의 영어는 정말 다양한 언어에서 들어온 어휘들을 가지고 있다.[5] 표 17-1에서 옥스퍼드 사전에 등재된 일본어 출신, 한국어 출신의 영어 단어들을 몇 가지를 소개했다.

케이팝과 한드(한국 드라마) 등 한류의 세계적 유행을 통해, 아마도 빠른 시간 내에 더 많은 한국어 출신 영어 단어들이 영향력 있는 영어 사전들에 등록될 것으로 보인다.

국제어로서 영어의 다양성은 단어에만 국한되는 것이 아니다. 다양한 나라/문화권에서 사용되는 영어의 모습은 저마다 다르고 이는 그 나라의 고유한 문화를 잘 표현할 수 있도록 진화한 영어의 특성을 고스란히 보여준다. 이처럼 개별 문화권의 다양한 영어는 발음, 단어 사용 그리고 문장 구조의 면에서 미국식 영어와 많이 다르다. 하지만 그런 영어를 두고 미국식 영어가 아니므로 틀렸다고 하는 경우는 없다. 인도, 필리핀, 싱가포르 사람들과 영어로 대화할 때, 그들의 영어를 이상하다고 생각하는 한 우리는 결코 '영어 울렁증'에서 빠져나올 수 없다.

Tips!

어느 나라 사람들과도 한국식 영어로 거리낌 없이 대화할 수 있는 능력과 태도를 기르는 것은 '영어 울렁증'을 극복하는 지름길입니다. 이를 위해서는 영어를 국제어로 인식하는 것이 필수적이지요. '한국식 영어'에 자신감을 갖고 자기만의 방식으로 영어를 사용하는 것을 부끄러워하지 마세요. 의사소통이 이루어지는 한 여러분은 충분히 훌륭한 영어 화자입니다.

영어의 아이들

18
아이들의 언어 스트레스를
이해하려면?

아이들의 눈높이에서 이해해 주세요

아이들도 영어 스트레스를 받는다. 아이들이 영어를 쉽게 배우는 것은 사실이다. 언어를 특별히 학습의 노력이 없이 자연스레 배우는 것도 사실이다. 그러나 아이들도 새로운 환경에, 특히 의사소통이 어려운 상황에 나동그라지면 어른들처럼 울렁증도 생기고 스트레스를 받는다. 그리고, 이 스트레스나 아이들의 울렁증은 쉽게 애들이니까 하고 넘길 성질의 것이 아니다. 다음 세 가지 사례는 영어유치원에서 가르친 경험이 있는 미국인 선생님에게서 수집한 것이다.

- 샐리의 예: 샐리는 영어유치원에 4세 때부터 다니기 시작했다. 유치원에 매일 왔고, 숙제도 날마다 성실하게 해 왔다. 다른 또래 아이들처럼 영어가 늘기 시작했다. 그런데 4개월 정도 지나서 뭔가 이상한 행동이 관찰되었다.

아이는 자기 순서가 아닐 때도 말을 하거나 다른 아이들에게 무례한 행동을 보이기 시작했다. 아이의 영어 학습에서만큼은 아무런 문제도 관찰되지 않았기 때문에, 큰 문제는 아니라고 생각했다. 그런데 몇 주 후에 샐리에게서 이상 행동이 발견되었다. 아이는 뭔가 초조한 모습이었고, 머리를 잡아 뽑기 시작했다. 급기야는 앞쪽 머리가 모두 뽑혀 사라지기에 이르렀다.

• 데이비드의 예: 데이비드는 다른 아이들보다 늦게 영어유치원에 들어왔다. 데이비드가 들어왔을 때 이미 다른 아이들은 6개월 정도 같이 수업을 한 후였다. 당시에 아이들은 모두 영어로만 말하는 상황에 익숙해 있던 차였다. 데이비드가 원래 다니던 유치원은 한국어와 영어를 다 말해도 되는 유치원이었다. 새로운 유치원에서 아이들은 데이비드에게 영어로만 말을 했다. 데이비드는 잘 이해를 못하는 것 같았다. 놀이 시간이 되면 데이비드는 아이들에게 가끔 한국어로 말을 걸었다. 그런데 아이들은 이런 데이비드를 무시하고 자기들끼리 놀았다.

　　이즈음부터 데이비드는 매우 초조해 보이기 시작했다. 선생님인 내가 무슨 말을 해도 무시하고 듣지 않았는데, 아마 말을 못 알아들었던 것이 아닌가 싶다. 데이비드는 아이들을 때리기 시작했고 이 때문에 다른 아이들과 격리되어 있는 시간이 길어졌다. 나는 한국어로 데이비드랑 이야기하고 싶었지만, 영어유치원의 규칙은 한국어를 절대 사용하지 말라는 것이어서, 나도 어쩔 도리가 없었다. 다행히 시간이 지나면서 데이비드의 영어가 늘기 시작했다. 친구들도 이런 데이비드를 드디어 받아들이기 시작했다.

• 애니의 예: 애니는 조용한 아이였다. 글을 쓰게 시켰을 때 애니는 다른 아

이들보다 영어를 훨씬 잘 구사했다. 그렇지만 애니는 도통 말문을 열지 않았다. 연초에 애니는 내가 이름을 부르거나 하면 겁을 먹는 눈치였다. 이 아이는 한국어로도 말을 하지 않았다. 영어유치원에서 한국어를 말하면 안 된다는 규칙을 잘 알고 있었고, 이를 어기면 안 된다는 것 때문이었을 것이다. 어느 날은 애니가 하루에 한마디도 하지 않고 유치원에 왔다 가는 경우도 있었다. 그러더니, 학년이 바뀌기 4개월 전쯤부터 이 아이의 말문이 열리기 시작했다. 애니는 완전한 문장 단위로 말을 하기 시작했다. 소위 '말하지 않는 시기(silent period)'를 아마 이제 넘긴 모양이었다. 애니의 부모님은 다음 해에 애니를 미국으로 데리고 갔다.

어린 아이가 영어 스트레스로 유치원에 가기 싫어하고, 머리카락을 뽑는 행동을 보이는 것은 결코 간과할 만한 상황이 아니다. 이것은 심각한 문제 상황이다. 영어유치원들은 대개 암묵적으로 한국어를 쓰지 말라는 규칙이 있다. 완전히 영어에 몰입해 영어를 교육하는 것이 가장 효과적일 거라는 잘못된 믿음에서 나온 규칙이다. 몰입 자체의 효과에 문제가 있는 것은 아니다. 몰입 자체보다 어떠한 몰입 환경에 '어떻게' 처하는지가 더 중요하다.

억지로, 무서운 몰입을 시키는 것보다는 자연스럽고 재미있게 두 가지 언어의 문턱을 넘나들 때, 아이들의 영어의 집이 깊고 탄탄하게 지어질 수 있다. 무조건적인 몰입, 특히 한국어를 못 쓰게 하고 금지하며 영어만 쓰게 하는 몰입은 아이들의 영어 교육뿐 아니라, 정체성 형성, 인지 발달과 인성 발달에 독이 된다. 엄마, 아빠들에게 진정으로 말하고 싶다. 비싼 유치원, 원어민 유치원, 아이들이 모두 영어로만 소통하는 유치원, 영어 점수가 월등히 높은 아이들이 다니는 유치원, 이런 유치원에 다니면서 아이들이 스트레스를 받고, 우울증과 불안감을 조금이라도 경험한다면, 그곳은 아이들이 갈 곳이 절대 아니다.

영어가 모국어인 아이도 영어가 어렵다

영국 런던의 초등학교 1학년, 우리나이로 만 6세에 해당하는 아이들은 영어 소리와 철자/스펠링의 관계를 어떻게 배울까? 영어의 알파벳 숫자는 26개이다. 영어에 존재하는 소리는 44개이다. 영어 알파벳은 우리 한글과 달리 음성적 문자가 아니다. 다시 말하면, 철자가 같아도 소리가 다를 수 있다. 우리는 한글만 배우면, 어떻게 단어를 읽는지는 별 문제가 안 된다. 그런데 영어에서는 알파벳을 다 알아도 그 단어를 어떻게 발음해야 하는지를 익혀야 하는 것이다.

영국의 초등학교 1학년 아이들은 물론 영어를 그들의 모국어로 잘 습득한 아이들이다. 이제 이 아이들이 새롭게 배우게 되는 것은, 자신들이 이미 알고 있는 단어들이 스펠링상에서 어떻게 나타나는지에 대한 규칙을 익히는 것이다. 이 단계는 스스로 자연스럽게 된다기보다는 노력과 학습의 과정을 통해 이뤄진다. 다음은 이 시기 아이들이 영어로 쓴 문장들이다. 이 아이들이 말하는 것을 들으면 아무런 문제가 없다. 그런데 쓰기에서는 실수가 비일비재하다.

How do speiders maic webs?
* How do spiders make webs?
Why do ladberds hav lots ov spots?
*Why do ladybirds have lots of spots?

Whiy bid a dee sting?

* Why did a bee sting?

특히 주목할 만한 점은, 아이들이 이러한 실수를 할 때 영국의 선생님들은 절대로 빨간 펜을 들지 않는다는 점이다. 아마 우리나라의 선생님들은 빨간 펜을 들고 수정하는 것이 매우 익숙할 것이다. 영국의 선생님들은 이 시기 아이들의 위와 같은 철자 실수에 매우 관대하다. 실수를 했다는 사실에 아이들을 주눅 들게 하면, 읽고 쓰기에 대한 욕구를 좌절시킬 수 있다고 보기 때문이다.

또 한 가지 주목하게 되는 점은, 아이들에게 무작위로 소리와 철자의 관계를 가르치지 않는다는 점이다. 가장 먼저 가르치는 단계는 s, a ,t, p, 그 다음에 i, n, m, d, 그러고 나서 g, o, c, k, 그다음에 ck, e, u, r, 마지막으로 h, b, f/ff, l/ll, ss를 가르치는데, 동시에 is, it, at, and, to, the, no, go, I와 같이 쓰기 위해 꼭 필요한 중요 단어들은 별도로 아이들이 그 스펠링에 익숙하도록 이 단어를 아이들에게 자주 노출시킨다. 그렇다고 이 단어들을 별개로 자주 보여 주고 읽게 하는 것이 아니다.

영국의 초등학교에서는 하루에 10쪽 정도 그림책을 한 권씩 읽게 한다. 그것이 초등학교 1학년 숙제의 거의 전부에 해당한다. 이 그림책의 숨은 의도는 아이들이 자연스럽게 각 단어의 스펠링에 익숙하게 하는 것이다. 한 마디로 이를 통해, 가능하면 가장 자연스러운 방법으로 스펠링과 소리 사이의 여러 가지 규칙을 내재화하는 것이 주목적이다.

뇌가 영어를 맞이하는 법

내가 영어를 처음 배울 때, 단어를 배우는 방법은, 무작정 암기하는 것이었다. 중학교 1학년 때도 그랬고, 대학원에서 유학 영어를 준비할 때도 그러했다. 수도 없이 많은 단어를 중얼중얼 말하며, 100번씩 쓰며 익혔다. 심지어 영미 화자들도 모르는 단어의 뜻을 척척 말할 수 있었다. 그런데 이렇게 익힌 단어들은 아무 쓸모가 없을 뿐 아니라, 모두 금방 잊어버리기 마련이다. 반면 내가 대학 시절 즐겨 읽던 펭귄 클래식 소설에 나오는 단어들은 잘 잊어버리지 않았다. 게으르고 귀찮기도 해 사전 없이 한두 권씩 읽었는데, 문맥에서 단어의 뜻을 유추하는 스스로의 노력을 통해 얻은 단어들은 쉽게 내 단어가 되었다.

최근에 마이클 토머스(Michael Thomas)의 언어 교수법에 대해서 알게 되었고, 한국어를 이 방법으로 가르치는 간단한 책을 썼다. 이 교수법은 영국에서 지난 20여 년 동안 매우 인기가 있었다. 이 교수법의 요지는 가장 편안한 상황에서, 전혀 외우고 기억해야 한다는 부담이 없을 때 언어 습득이 가장 재미있을 뿐 아니라, 용이하게 이뤄진다는 것이다. 한 마디로, 자연스럽게 노출이 되고 부담이 없을 때 신기하게도 뇌가 그 언어를 맞을 준비를 하며, 우리도 모르는 사이에 그 언어를 구사하게 된다는 것이다.

영어를 향한 씩씩한 마음이 먼저

요즘 영국에는 영어가 모국어가 아닌 아이들이 늘어나고 있다. 이 아이들은 EAL(English as an additional language) 학생들로 구분되는데, 영국

영어의 아이들

교육부 자료에 따르면 한 반에 평균 다섯 명에 한 명꼴로 EAL 아이들이 있다. 일례로 초등 준비 학년(reception)에 있는 둘째 아이 반에는 중국 아이들만 4명이나 된다. 이 아이들에 대한 영국 초등학교의 영어 교육을 지켜보면 흥미로운 부분이 있다. 아이들의 영어 사용에서 나타나는 문법과 발화 실수에 대해서 전혀 지적하지 않는다는 점이다. 대신 아이들이 영어로 말을 하려고 하는 시도에 대해서 매우 긍정적이며 고무적으로 받아들인다.

사실 어린아이들은 서로에 대해 별로 편견이 없다. 다른 말을 쓴다고, 영어를 좀 어색하고 이상하게 한다고 서로 선을 긋거나 하지도 않는다. 이 시기 아이들은 영어를 놀이 언어로서 처음 익힌다. 친구들하고 같이 놀기 위해서 영어를 말하는 것이다. 이러다 보니, 말을 배우는 데 더할 나위 없이 좋은 조건이 된다. 아이들은 틀린 영어라도 씩씩하게 말하는 것을 배우고, 자신의 말에 대해 자랑스러운 마음도 잊지 않는다.

20년 전 영국으로 온 나는 한국에서 영어를 잘하는 편에 속했다. 그런데 막상 영국에 오고 나니, 세미나나 수업 시간에 말을 꺼내고 입을 여는 것이 생각보다 어려웠다. 나보다 영어 공부에 투자를 안 했을 동유럽계 아주머니가 나보다 더 자신감 있게 영어를 말하는 것을 보고 충격을 받기도 했다. 그러면서 내린 결론이 내게 부족한 것은 '씩씩한 마음'이었다는 점이다.

한국 사람들은 세계 어느 나라보다 영어 공부에 시간과 열정을 투자하며 질 높은 교육을 받지만, 하나같이 자신은 영어를 잘 못한다는 생각을 갖고 있는 것 같다. 나는 이것이 한국어가 영어와 특별히 달라서거나, 우리나라 사람들이 말을 배우는 능력이 뒤지거나, 교육을 잘 받지 못해서가 아니라, '영어는 어렵다.', '나는 영어를 잘 못한다.', '내 영어는 문법에 맞지가 않는다.', '나는 영어 점수가 낮다.' 등으로 표현되는 소위 사회 심리적인 외국어 두려움증(foreign language anxiety) 때문이라고 생각한다. 이 두려움증의 중심에 소통 중심이 아닌, 시험 중심, 문법 중심의 영어 교육이 있다고 본다.

말이란 소통을 위한 것이다. 우리가 영어를 배우는 이유는 세계인과 소통을 하기 위해서지, 문법과 발음이 100퍼센트 정확한 언어를 구사하기 위해서가 아니다. 이제 막 영어를 배우기 시작한 영국의 EAL 아이들을 보면 그 씩씩함이 정말 놀라울 때가 있다. 몇 가지 구조, 몇 가지 단어밖에 아는 게 없지만, 이를 백분 활용해 자신감 있게 표현한다. 거기에 풍부한 보디랭귀지를 보태 그 나이에 불편함이 없는 의사소통을 할 줄 안다. 이렇게 편안한 마음이 먼저 생긴 다음에 아이들이 별다른 노력 없이 영어를 말과 몸에 익혀 자유자재로 구사하는 것을 보았다.

아이들의 말에 대해 어른들의 잣대로, 문법의 기준으로 실수를 지적하고, 고쳐주려고 하다가는, 자칫 아이가 두 번째 언어에 대해 주눅 들게 할 수 있다. 말은 무엇보다도 즐겁게 배워야 한다. 실수를 할까 주눅 든 아이들은 언어에 자신감을 잃고 입을 닫기 쉽다.

나는 아이들이 씩씩한 마음으로 말을 하고, 문법의 실수로 마음 졸이지 않게 하는 영어 교육 환경을 만들어 줘야 한다고 생각한다. 영어 교육의 양과 질을 개선하는 것만큼이나 어린아이들에게 중요한 것은 이 씩씩한 마음, 또 이 씩씩한 마음을 믿고 보듬어 편안한 마음이 되게끔 이끌어 주는 교육이라고 생각한다.

Tips!

영어를 모국어로 하는 아이에게도 영어는 어렵습니다. 모국어를 완전히 습득하는 데도 오랜 시간이 걸리는데, 모국어와는 또 다른 언어를 배우도록 강요당하는 상황은 아이들에게 큰 부담으로 작용해요. 시간이 지나면 괜찮아진다는 생각으로 아이가 받는 과도한 영어 스트레스를 방치해도 될까요? 오히려 그런 스트레스가 없는 편안한 상황에서 아이들은 더 수월하게 영어를 습득합니다. 아이들에게 영어에 대한 두려움이나 강박이 아닌 씩씩한 마음을 심어 주세요. 문법적인 것을 하나하나 신경 쓰다 보면 말 한마디 하는 것조차 어렵습니다. 맞고 틀리고에 신경 쓰지 않고 아이들이 영어를 즐길 수 있게 해 주세요.

19
콩글리시,
고쳐야 할까요?

콩글리시란?

많은 한국인이 콩글리시를 잘못된 영어라고 생각할 것이다. 하지만 조금만 입장을 달리하면 콩글리시는 이중 언어 사용자라는 언어 천재들을 통해 긴 시간 동안 '자연스럽게' 생긴 창조물이라고도 볼 수 있다. 한국 문화와 정서가 잘 반영되어 한국인에게 효율적으로 변형된, 전 세계에서 오직 한국인만이 만들 수 있는 언어이기도 하다. 한국만큼 급속도의 변화를 경험한 사회는 드물 것이다. 여기에 20세기 후반 세계화의 물결이 거세지면서 한국어 단어만으로 변화한 사회의 사물과 개념을 표현하는 것은 거의 불가능해졌다. 그러다 보니 아이 쇼핑, 핸드폰, 스카이 블루, 바겐 세일, 파마 등 소위 콩글리시 단어가 사회의 변화를 맛깔스럽게 표현해 왔다.

다른 표현일 뿐

제아무리 사회학, 언어학 및 사회 언어학적으로는 흥미진진한 연구 대상이라지만 콩글리시가 아이의 영어 교육에 도움이 될 거라고 생각하는 것은 쉽지 않다. 언제나 기억해야 할 것은 영어가 의사소통의 수단이며, 효과적인 의사소통에 가장 필요한 단어를 선택하는 것이 기본이라는 사실이다. 단어 선택에 있어 옳고 그름이나 우열은 존재하지 않는다. 단지 단어의 선택이 더 효율적인지 아닌지는 판단의 대상이라고 생각한다.

한국인들은 '아이 쇼핑(eye shopping)'이란 표현을 일상적으로 사용한다. 그러나 이는 틀린 표현이고 실은 '윈도 쇼핑(window shopping)'이 맞다는 말 역시 익숙할 것이다. 하지만 막상 현실에서는 대부분 아이 쇼핑도 윈도 쇼핑도 아닌, 'just looking'이라고 말한다. 그렇다고 아이 쇼핑이나 윈도 쇼핑이 잘못된 표현이라고 말할 수는 없다. 단지 덜 효율적일 뿐이다.

또 다른 예를 들어보자. 핸드폰을 미국인은 셀폰, 영국/호주인은 모바일폰라 부른다. 언어학자 입장에서 '핸드폰'은 정말 좋은 조어로 보인다. 한국인은 손을 강조해 핸드폰으로 부르고, 영국/호주인은 '들고 다님'을 주목해 모바일폰(mobile phone, 이동 전화)이라고 부르며, 미국인은 크기가 세포처럼 작다는 것을 강조해 셀폰(cell phone, 세포 전화)이라고 부른다. 동일한 사물의 서로 다른 지점을 강조하는 세 가지 표현일 뿐 어떤 조어가 옳고 그른지 단정 짓기는 힘들다.

구글 트렌드를 통해 2020년 구글 검색 엔진에서 가장 많이 검색된 키워드를 살펴봤다. 그 결과 핸드폰(hand phone)을 가장 많이 검색한 국가는 인도네시아, 말레이시아, 싱가포르, 나이지리아, 인도 순이다. 모바일폰은 방글라데시, 인도, 호주, UAE, 파키스탄 순으로 검색 케이스가 많았고, 셀

영어의 아이들

폰은 남아프리카공화국, 캐나다, 미국, 멕시코, 브라질 순이었다.

전 세계 사람들이 손에 들고 다니는 휴대용 전화기를 영어로 얼마나 다양하게 부르고 있는지를 보여 주는 통계이다.[1] 이에 따르면 인도 여행 시에는 핸드폰, 호주 출장 시에는 모바일폰, 남아프리카공화국에서는 셀폰이라는 표현이 가장 효율적이다. 흔히 콩글리시 취급했던 핸드폰 역시 많은 이들이 국제적으로 사용하고 있었던 것을 기억하자.

콩글리시를 외국인과 대화할 때 사용해도 될까?

핸드폰은 국제적으로 통용될 수 있는 몇 안 되는 콩글리시 단어 중 하나이다. 그런 경우가 아니라면, 한국에서 한국인들이 한국적 필요에 의해 만들어 낸 콩글리시 표현에 익숙하지 않고 낯설게 생각할 것이다. 그러므로 불특정 다수의 외국인과 의사소통을 할 때 콩글리시로 알려진 단어나 표현을 쓴다면 효율적인 의사소통이 이루어지기 힘들다. 그렇다고 콩글리시가 잘못된, 혹은 틀린 영어라는 말이 아니다. 콩글리시를 무조건적으로 오답 처리하기보다는 콩글리시와 영어 교사의 표현이 어떻게 다른지 비교하는 습관, 그리고 한국인이 그처럼 다른 표현을 만들어 낸 이유와 과정은 무엇인지 고민해 보는 습관이 훨씬 생산적이다.

고등학교 영어 시간에 '하늘색'을 그대로 영어로 옮겨 '스카이블루(sky blue, 하늘+파란)'라고 표현한 적이 있었다. 당시 원어민 교사가 이를 콩글리시로 규정한 뒤, 스카이블루가 아니라 라이트블루(light blue, 연한 파란색)가 '맞으니' 고쳐서 말해야 한다고 가르쳤다. 나름 정확한 표현일 거라고 믿어 의심치 않았는데 콩글리시에 불과했다는 것이 어찌나 민망했던지 오랜 시간이 흐른 지금까지 기억이 난다. 하지만 이제는 안다. 라이트블루와 스카이블루는 그저 서로 다른 두 가지의 적절한 표현이라는 것을.

　미국인/호주인은 진한 붉은색을 흔히들 와인색(wine color)라고 부른다. 와인으로 색을 표현할 수 있다면 하늘이 안 될 이유는 없지 않을까? 그때의 그 원어민 교사가 나의 콩글리시를 교정의 대상으로 여기는 게 아니라 "정말 기발한 표현이네요. 보통은 이런 색을 연한 파란색이라고 부르지만 하늘색도 멋진 표현입니다." 정도로 반응했다면 나는 아마도 기분좋게 'light blue'란 표현을 익혔을 것이다. 여기에 사물 이름을 딴 색을 추가로 소개했다면 우리 반 학생들은 모두 콩글리시를 민망하고 부끄러운 대상이 아닌, 서로 다른 문화를 반영하는 흥미진진한 대상으로 여기고 배움의 열의를 불태웠을지 모를 일이다.

　콩글리시(Korean + English = Konglish), 싱글리시(Singaporean + English = Singlish), 스팽글리시(Spanish + English = Spanglish) 등 서로 다른 사회 혹은 언어가 고유의 방식으로 변형시킨 영어는 모두 개별 사회의 특징과 정서를 참신하고 효율적으로 보여 준다. 불특정 다수의 국제인과 소통하는 상황에서 '변화된 영어'가 매번 가장 효율적이라고 말할 수는 없다. 그러나 다양한 영어를 우리가 흔히 말하는 원어민의 영어와 비교하고 그 차이가 어디서 비롯되었는지 궁금해하는 자세는 국제화 시대에 매우 중요한 자질이 될 수 있다. 세계 여러 나라에서 외국어로서 영어를 가르치는 수많은 영어 교사에게도 필수적인 자질이라고 생각한다. 게다가 요즘은 한류 열풍이 전 세계에서 거세다. '파이팅' 등 한국의 콩글리시 역시 한류를 통해서 매우 빠르게 전파되고 있다. 앞으로는 한국인뿐 아니라 한류를 즐기는 외국인들이 보다 많고 다양한 콩글리시 단어를 창조해서 국제 무대에서 사용할 것이다.

Tips!

콩글리시는 두 가지의 언어를 잘 조합해서 태어난 창조물입니다. 결코 잘못된 언어 혹은 교정의 대상이 아닙니다. 여러분이나 여러분의 아이가 콩글리시를 사용하고 있다면 이는 이중 언어 사용자의 강점 혹은 특권을 십분 발휘하고 있는 것입니다. 단지 우리만큼 콩글리시에 능통하지 못한 외국인을 위해서, 국제 무대에서 일반적으로 통용되는 표현도 함께 기억하는 것입니다. 콩글리시를 외국인 친구에게 한국어 혹은 한국 문화의 특성을 소개하는 계기로 활용해 보세요. 여러분의 영어 실력과 영어에 대한 자신감 역시 함께 향상될 것입니다.

20
관사 연습을
시켜야 할까요?

말이 안 되는 영어를 하는 시기, 엉터리 영어가 아닙니다

하나씩 단어가 등장하고, '오케이, 아하, 으흥' 이런 맞장구 단어들이 자주 등장하는 어느 순간이 지나면, 아이들의 마음에 영어가 편안한 언어로 자리를 잡기 시작하는 증거가 나타나기 시작한다. 예를 들면 혼자 놀이를 할 때, 혼자 영어로 인형을 가지고 주거니 받거니 이야기를 만들면서 노는 과정이 종종 포착되었다. 이런 순간들이 늘어나기 시작하면, 어느 사이에는 영어로 주변 사람과 대화를 시도하기 시작한다.

이때 나타나는 영어들을 보면, 소위 말해서 문법은 엉망인 경우가 비일비재하다. 예를 들면 우리 아이는 'no'라는 단어를 동사로 익혀서 'I no broccoli.(브로콜리가 싫어요.)'라는 문장을 쓰기도 하고 'Sarah bed touch.'처럼 한국어 어순을 사용한 영어 문장을 주로 만들었다. 문장 단위가 나타나기 시작한 것은 어마어마한 발전이다. 여기서, 문장의 어순이 틀린 것을 탓하거나 걱정할 필요는 전혀 없다. 더 많은 영어 문장에 노출이 되고, 영어 상호작용이 증가하면서 아이들은 아주 자연스럽게, 힘들이지 않고 어순을 익히게 되기 때문이다.

어른 영어 학습자들이 힘들어하는 '정관사/부정관사'의 쓰임 문제나, 단수/복수 구분 등의 문법이 형성되는 데는 많은 시간이 걸린다. 이것은 비단 한국 아이들만의 어려움이 아니다. 이와 같은 세부적 문법이 내재화되는 데는 시간이 많이 걸린다. 하루 아침에 주입하면 안 되고, 주입시킬 수도 없다는 것을 반드시 알아야 한다.

단수, 복수, 관사 쓰임을 가르치지 마세요

영어가 모국어인 아이들도 태어날 때부터 완벽한 영어 문법을 가지고 태어나지는 않는다. 한국 아이들도 마찬가지이다. 또한 한국어가 모국어인 아이들이 영어를 배울 때 가장 힘든 부분은 단수, 복수를 구분하는 것이라고 한다. 3인칭 대명사나, 관사를 쓰는 것도 쉽지 않다고 한다. 단수와 복수의 개념은 영어를 모국어로 배우는 아이들에게서는 매우 일찍 습득되는 데 비해서, 한국어, 중국어, 일본어와 같은 아시아계 언어에서는 늦게 발달된다.

이유는 간단하다. 단수와 복수라는 수의 개념이 이들 언어에서 부재하기 때문이다. 반면에 진행형이나, 소유격, be 동사의 사용 등은 생각보다 습득이 수월하게, 일찍 일어난다. 과거 시제에 대한 습득도 한국 아이들이나, 중국, 일본 아이들은 생각보다 늦게 나타난다. 이것 역시 영어와 이들 언어에서 시제 개념이 다르기 때문이다.

문법이라는 구조의 틀은 시간이 지나면서, 단계적으로 이뤄진다. 이걸 모르고, 이제 영어라는 언어에 입문한 아이들에게 단수와 복수를 가르치고 연습시키는 것은 그다지 큰 교육 효과가 없을 것이다. 관사 연습을 아무리 시켜도 아이들이 이것을 연습을 통해 마스터하기란 어려울 것이다. 이는 마치 우리말의 '-은/는' 과 '-이/가'의 용법을 감으로는 알지만, 그 다름을 조목조목 설명하고 가르치기 어려운 것과 비슷하다. 배운다기보다 우리는 감으로 언제 '-은/는'을 쓸지, '-이/가'를 쓸지 안다. 영어권 화자들 역시 감으로 언제 정관사를 쓸지 부정관사를 쓸지 안다. 이 감은 자연스럽게 익히는 것이지, 반복과 연습을 통해 익히는 것은 아니다. 적어도 어린 아이들의 경우에 이런 문법의 반복과 연습은 무의미하다.

Tips!

아이들이 문법적으로 '틀린' 영어를 말했다는 것보다 영어를 '말했다는' 쪽에 주목해야 합니다. 아직 한국어 문법도 서툰 아이들에게 단수/복수, 정관사/부정관사와 같은 어려운 영어의 문법 개념을 가르칠 필요는 없습니다. 아이가 영어를 말하는 것에 재미를 붙이고 계속해서 영어를 접해 가면서 기본적인 영어 문법의 틀을 차차 익혀 가기 때문입니다.

21
창의적인 영어란
무엇일까요?

언어의 도구 상자

언어는 사회적 약속이고 관습이다. 영어에는 관사가 있고, 한국어에는 조사가 있다. 개개인이 관사를 쓸지 조사를 쓸지 결정하는 게 아니다. 언어가 제공하는 툴박스의 룰을 따라가는 것이다. 그렇지만 언어 사용 모든 면이 규칙과 관습으로 결정되는 것은 아니다. 사람마다 표현이 다르고, 각자의 개성과 스타일이 다르다. 단어장도 다 다르다. 삶의 경험이 다 다르기 때문에 그렇다.

영어를 배우면서 우리 아이들이 영어를 문장 단위로 길게 말하기 시작할 때 가장 먼저 나타나는 것은 몇 가지의 패턴을 나름 요긴하게 사용하는 것이었다. 예를 들면 'Can I……?'라는 표현은 돌려서 요청하는 패턴이다. 영국 사람들은 "우유 주세요.(Give me milk, please.)" 대신 "우유 좀 마셔도 될까요?(Can I have some milk, please?)"와 같은 표현이 공손하다고 여긴다. 한국어와 같은 존댓말은 없지만, 나름 겸손하고 예의 바르게 말하는 코드는 영어에도 아주 많다. 둘째 아이는 'Can I have……., Daddy?' 표현을 자기 식의 영어 발음으로 기억해서 모든 상황에 써먹었다. 'Can I have' 각각의 단어를 아는 게 아니라 하나의 패턴을 아는 것이었다. 내 귀에는 '기리기리'라고 말하는 것처럼 들렸다. 남편도 아이가 말하는 것이 'Can I have'라는 표현이라는 것을 상황과 몸짓, 억양과 감으로는 알았지만, 실제 아이가 한 단어 한 단어를 조목조목 알고 있다고는 생각하지 않았다. 중요한 것은 아이가 아주 편안하게 이 표현을 했고, 우리는 알아들었다는 점이다. 몇 가지 패턴이 이렇게 나타나고, 아이가 편안하고 자신감 있게 이런 패턴 뭉치를 쓰는 시기가 한동안, 특히 학교를 가기 전까지 지속되었다.

"가장 개인적인 것이 가장 창의적인 것"이다. 아카데미 시상식에서 감독상 수상 소감을 밝힐 때 봉준호 감독이 마틴 스코세이지(Martin Scorsese)의 말을 인용해 한 말이다. 창의력은 학원에 가서 학습하고, 배우는 것이 아니다.

주물링이 필요해?

피곤해서 누워 있는 내게 둘째가 물었다. "엄마, Shall I give you jumuling?" '주물링'은 무슨 뜻일까? 한국어 단어 '주무르다'와 영어의 '-ing'가 만나 이루어진 단어이다. 나와 우리 아이들의 대화는 한국어와 영어의 선을 넘어 이루어진다. 여기에는 맞고 틀림이 없다. 언어의 칼은 갈

영어의 아이들

고 닦을수록 자기 것이 되어 간다.

우리 둘째가 34개월 무렵 자기 전에 침대 옆 불을 켜달라면서 "Light up!"이라고 말했다. 우리 부부 모두 이 말의 뜻을 듣는 즉시 어려움 없이 이해했다. 혹자는 이것을 보고 잘못된 영어라고 혹은 영미권 모국어 화자들은 그렇게 말하지 않는다고만 생각하고 넘어갈 수도 있을 것이다. 영어 공부를 열심히 한 학생들은 "Turn the light on."이라고 해야지, 즉 'on'을 써야지 'up'을 썼으니 틀린 것이 아니냐 할 것이다. 그런데 나와 남편은 이것을 보고 참 기발하다고 생각했다.

둘째 아이는 돌봐주시던 분(한국인)의 영향으로 또 한국에 어릴 적부터 자주 데리고 가서 한국어를 모국어로 습득했고, 한국어가 아주 유창한 편이다. 영어는 아빠와 언니가 하는 말을 이해는 하지만, 말하는 데는 별로 익숙하지 않다. 그런데 이 아이가 '소통이 되는' 영어를 참 기가 막히게, 창의적으로 그러나 말이 통하게 사용한다. 'up'이라는 것이 뭔가 켜거나, 시작하거나 하는 기동성을 지녔다는 것을 어디서 익히고, "불 켜주세요."라는 말을 하기 위해서 "Light up."이라고 즉흥적으로 말했을 것이다.

우리는 머릿속 어딘가에 놈 촘스키(Noam Chomsky) 박사가 말하는 언어 습득 장치가 아직 꺼지지 않은 불씨와 같이 남아 있다고 가정한다. 이 불씨를 다시 지피게 하는 길이 제2언어를 습득하는 데 진정한 관건이라고 생각한다. 그런데 구체적인 이 방법 중 하나는 의사소통의 필요에 의해 언어를 창의적으로, 자유자재로 쓰고자 하는 욕구를 갖게 하는 것이라고 생각한다. 말하고 싶어하게 하는 것이다. 내가 영어를 배우고자 하는 욕구를 갖게 된 것은 펜팔 친구와 소통하기 위해서였다.

넬슨 만델라가 남긴 유명한 말 중에 다음과 같은 말이 있다. "당신이 상대방이 '이해할 수 있는' 언어로 말을 한다면, 그 말은 그 사람의 머릿속으로 갑니다. 그렇지만, 당신이 상대방의 언어로 말을 한다면, 그 말은 그 사람의 마음속으로 갑니다."[1] 타인의 언어와 문화에 대한 열린 마음을 강조한 말이다.

학회차 잠시 방문한 스페인 공항에서 출입국 직원이 나에게 한국인인지 물어보고는 "안녕하세요?"라고 했다. 그리고 갈 때는 "안녕히 가세요." 라고 했다. 이 두 마디 때문에 스페인에 대해 참 좋은 인상을 갖게 되었다. 동시에 나도 영어면 다 통하겠지 하는 마음을 접고, 스페인 어를 몇 마디라도 공부해서 있는 동안 스페인 사람들과 대화해야겠다고 생각했다. 출입국 직원의 작은 배려가 마음을 연 것이다.

아이건 어른이건, 소통하는 마음을 갖게 하면 언어 습득에서 가장 중요한 창의적 말하기가 가능해진다. 배우지 않아도 적절하게 말하는, 이 창의적 말하기는 말하기를 즐겁고 신나게 해주고, 계속해서 말을 하게 해준다. 그리고 계속해서 말을 하는 과정에서 스스로, 자기도 모르게 다른 사람들은 어떻게 말하나, 그 언어를 말하는 사람들의 말 속의 규칙에 대해 눈을 뜨게 되며, 이 규칙을 부담 없이 즐겁게(?) 내재화하고, 그들처럼 말하고 싶어한다.

언어 능력에 불씨를 지피는 법

나는 영국 영어를 말하고, 영국 영어 속에서 산다. 그런데 6주 정도 미국 보스턴에 머물 일이 있었다. 도착한 후 며칠 있어 내가 미국 영어에 동화되어 미국 영어를 말하고 있다는 것을 깨달았다. 누가 시킨 것도 아니고, 그렇게 하려고 한 것도 아닌데 말이다. 그렇게 억양을 바꾸고, 즐겁게 미국식 영어를 말하며 배우고 왔던 기억이 난다. 우리의 언어 교육이 지나치게 옳고 그름, 맞고 틀림 중심이다 보니, 말하고 싶은 마음, 소통하는 마음이 잘 들지 않을 것 같다는 생각이 든다. 소통하고 말하고 싶은 마음을 갖게 하면서, 우리가 갖고 태어난 창의적 언어 능력에 불씨를 지펴 준다면, 우리가 생각하지도 못한 수확을 할 수 있을 텐데 말이다.

나는 13세 때까지 영어에 거의 노출이 된 적이 없지만, 지금 영국 대학에서 영어로 강의를 하고, 영어로 책을 쓰고, 소통하면서 살아가는 데 별로 어려움이 없다. 오히려 어릴 때 배운 우리말과 한자어는 나만의 영어를 만들어 주며, 나의 영어 생활을 오히려 풍요롭게 하는 원천이자 영감이 된다. 여기서 잠깐 영어라는 언어에 대해서 생각해 볼 필요가 있다. 영어 단어들은 대부분 외국어에서 온 단어들이다. 영어가 21세기의 공용어로 정착된 이유 중 하나가 물불을 가리지 않는 영어의 엄청난 흡입력 때문이다. 이게 바로 영어이다. 영어의 바다에서 우리 아이들이 자신만의 목소리를 만들 수 있도록 도울 필요가 있다. 틀린 영어는 없다. 다른 영어만 있을 뿐이다.

Tips!

언어란 끊임없이 변화하고 창조됩니다. 영어와 한국어도 마찬가지이고요.
한국어 단어가 영어화 되기도 하고 영어 단어가 한국에 들어와 외래어로 쓰이기도 합니다. 개개인의 언어도 이와 비슷해서 서로에게 영향을 주기도 하고 받기도 하며 새롭게 만들어지기도 합니다. 아이들이 영어를 배우며 한국어를 영어에 접목하기도 하고 없던 말을 만들어 낼 수도 있어요. 그러나 이것은 틀린 게 아닙니다. 이러한 언어 활동은 아이들이 언어 활용 능력을 함양하는 양분이 됩니다.

영어의 아이들

22
원어민 교사에게 배우면
영어가 더 늘까요?

진정한 영어 고수를 가르는 기준

백인이든 흑인이든 영어 교사의 인종은 중요하지 않다. 소위 원어민인
지의 여부 역시 좋은 영어 교사의 기준이 되기 힘들다고 생각한다. 백인 영
어, 원어민 영어만 제대로 된 영어라는 허상을 심어 줄 필요는 없기 때문이
다. 미국식 영어만을 고집하는 교사라면 오히려 아이의 스트레스를 가중
시킬 우려가 있다. 영어 학습의 첫 걸음부터 아이를 영어 실패자로 낙인 찍
고 싶지는 않을 것이다. 그렇다면 어떤 영어 교사가 아이의 영어 실력 향상
에 가장 도움이 될까? 부모가 체크해야 할 것은 영어 교사 자격증의 소지
여부, 그리고 외국인과의 풍부한 경험이다.

오랜 외국 생활을 통해 다양하고 많은 영어 사용자를 만나면서 자주
느끼는 것은 한국 사회는 지극히 편협한 기준으로 영어 실력을 정의한다
는 점이었다. 진정한 영어 고수는 다양한 국적의 영어 사용자와 함께하는

국제 무대에서 자신의 의견을 효율적으로 전달하고 그만큼 다양한 영어를 적확하게 이해할 수 있는 자이다. 미국식 영어에만 익숙한 영어 사용자를 영어 실력자라고 말할 수 없다. 미국 사회에서 통용되는 속어나 속담에 익숙하지 않더라도 영국식, 호주식, 필리핀식, 일본식, 중국식 영어 각각의 발음 혹은 표현 상의 특징을 잘 인지하고 있는 사람이 진짜 영어 고수이다.

미국식 영어에만 익숙한 학습자 중 많은 이들이 싱가포르, 호주, 영국, 베트남, 남아프리카 등 많은 나라에서 자신의 영어 실력이 형편없다는 것을 경험하곤 한다. 호주에 오래 거주하면서 만난 한국인 대부분이 호주 영어를 낯설고 이상하게 여기는 것을 목격했다. 한국 영어 교육의 한계를 아주 잘 드러냈다고 느낀다. 미국식 영어를 쓰는 나라는 오직 미국뿐이다. 호주식, 영국식, 필리핀식, 싱가포르식 영어는 이상한 영어, 틀린 영어가 아니다. 미국식 영어와 다를 뿐이다.

국제어로서의 영어 경험

국제어로서 영어를 사용하고 경험한 이가 그러므로 최고의 영어 교사이다. 예를 들어 일본과 중국에서 영어를 가르친 경험이 있는 필리핀 출신 영어 교사가 미국에서 한국으로 바로 건너온 원어민 교사보다 훌륭하고 적절한 영어 선생님이 될 수 있다. 전자의 경우 일본과 중국 거주 경험을 바탕으로 하는 국제어로서의 영어 사용 노하우를 전수할 수 있기 때문이다. 또한 필리핀 어인 타갈로그 어를 모국어로 사용하는 교사 본인 역시 이중 언어 사용자로서 그 장점을 학생에게 공감하게 만들어 보다 긍정적인 학습 효과를 가져올 것이다. 아이는 이중 언어 사용자로서 (미국 원어민 영어를 앵무새처럼 따라하는 것이 아닌) 국제어로서의 영어를 배운다는 목표 의식을 장착하게 될 것이다.

Tips!

아이의 영어 실력 향상을 최우선으로 놓는다면 영어 교사를 바라볼 때 다음 세 가지를 항상 기억해 주세요. 첫째, 반드시 미국 출신을 고집할 필요가 없습니다. 다양한 국가의 영어를 경험하게 하는 것이 오히려 좋아요. 둘째, 반드시 원어민일 필요도 없습니다. 아이의 학습 의욕을 고취하고 동기를 부여할 수 있는 이중 언어 사용자가 최고의 조건입니다. 셋째, 영어 교육 자격증이 있는 '교사'여야 합니다. 영어로 말을 아무리 청산유수로 잘한다 해도 교사로서의 자격을 갖추지 못했거나 혹은 가르침 자체를 중요시하지 않는다면 좋은 교사라고 보기 힘들기 때문입니다.

23
영어 말문이 터지는 순간은
언제일까요?

언어의 감각 익히기

우리가 처음 말을 배울 때로 돌아가보자. 아름답고 완벽한 문장을 말했을까? 그렇지 않다. 말을 배우는 데는 단계가 있다. 듣고 이해하는 게, 말하며 표현할 수 있는 단계보다 먼저인 것은 누구나 아는 바이다. 말을 할 수 없다고 이해할 수 없는 것은 아니다. 두 가지 이상의 언어에 노출이 될 때도 마찬가지로 언어 습득은 단계적으로 일어나며, 듣고 이해하는 것이 말하는 것에 선행한다.

여러 가지 언어에 노출이 되는 경우에 아이들과 가장 시간을 많이 보내는 사람의 언어가 숙주(host) 언어가 될 가능성이 가장 높다. 숙주 언어를 기반으로 주변 언어들이 공생하는 관계를 맺으며, 아이들은 여러 언어로 자신들만의 말의 집을 짓는다. 말 집을 지어 가는 과정이 생각보다 더디게 느껴질 수도 있다. 그러나 이 말 집이 견고하게 지어지는 과정은 이후 언어 발달에 무엇보다 중요하다. 말 집이 지어지지도 않았는데, 단어를 100개씩 암기하고, 외운 문장을 앵무새처럼 말하는 것은 언어 발달에 아무런 의미가 없다.

어린 아이들에게는 영어가 한국어와 다른 언어이며, 영어의 감각이 한국어의 감각과 다르다는 것을 몸으로, 머리로 조금씩 느껴보는 것이 중요하다. 감을 익히고, 편안한 마음으로 노출과 상호작용을 거치며, 자신만의 영어를 상상하고 구사하는 시기가 잘 지난 후에, 어느 순간 아이들의 영어가 빵 터지는 것을 체험할 수 있게 될 것이다. 그러나 이 순간이 오기까지 아이들이 영어를 즐거워하고, 자기 말로 삼아 줄 때까지 기다리고 인내하는 것은 무엇보다 중요하다.

몸짓 언어 그리고 영어 억양의 등장

영국에서 영국인 아빠와 한국인 엄마 사이에 태어난 우리 아이들에게 숙주 언어는 영어가 아닌 한국어였다. 아이들을 돌봐주신 한국인 베이비시터들 덕분이었다. 이 분들로 인해서 아이들은 한국어의 감을 아주 맛깔나게 익혔다. 영국 아이들은 3세 생일이 지나는 해 9월에 유치원에 들어간다. 두 아이 모두 유치원에 들어갈 때, 영어를 잘 못했다. 하지만, 말은 못했어도, 아빠나 다른 식구들, 또 주변 사람들을 통해 영어에는 늘 노출되어 있었다.

두 아이 모두에게 영어다운 말이 나타나기 시작할 때, 가장 눈에 띄는 것은, 몸짓 언어와 억양이었다. 억양을 배우는 것은 아주 재미있게 나타났는데, 예를 들면 '김치', '부침개' 같은 한국어 단어를 영어 억양으로 아빠

영어의 아이들

에게 말해 주기도 했다. 억양은 가장 쉽게 동화가 일어나는 언어 영역이다. 억양이 비슷하면 쉽게 동질감을 갖는다. 몸짓 언어와 억양이 편안하게 자리를 잡으면서, 단어들이 하나둘씩 들리기 시작했다. 토마토의 강세는 2음절에 있는데, 우리 둘째 아이는 오랫동안 토마토의 '토'에 강세를 두고 말했다. 고쳐 주지 않고, 웃어 넘겼다.

한국어와 영어의 소리 목록은 많이 다르다. 한 가지 예로 'th' 발음이 한국어 고유 어휘에는 없다. 반면에 영어에는 'th'는 물론, 'sh, g, z' 등의 자음 소리 목록이 풍부하다. 아이들은 영어 단어를 한국어 단어처럼 익혀 나간다. 이게 영어의 소리로 바뀔 때까지는 시간이 좀 걸린다. 이 기다림의 기간 동안 영어를 말하는 가족, 한국어를 말하는 가족 간의 이해와 인내심이 필요하다. 이 기다림의 과정은 한국어를 배우고 그 위에 영어의 집을 짓는 아이들이 반드시 거쳐야 한다. 이 기간에는 조급해하지 않고 넉넉한 마음으로 기다려 주어야 한다.

Tips!

아이들이 영어를 접하고 배운다고 바로 구사할 수는 없습니다. 영어에 익숙해지고 그것을 체화하는 시간이 필요하지요. 그 시기 동안 아이가 영어가 늘지 않는다고 조급해하지 마세요. 아이에게 영어를 쓰라고 닦달해서도 안 됩니다. 겉으론 티가 나지 않을지라도 아이는 그 사이에도 조금씩 자신의 영어집을 키워 나가고 있습니다.

24
우리 아이들이 싱가포르 아이들처럼
영어를 할 수 있을까요?

싱가포르의 언어들

대부분의 싱가포르 아이들은 이중 언어를 구사하는 언어 천재들이다. 1980년대 이후에 태어난 모든 싱가포르인은 공공 장소에서 영어를 사용한 의사소통이 가능하다. 싱가포르는 다민족 국가이다. 2015년 싱가포르 인구 총조사 결과에 따르면, 중국계가 전체의 약 74퍼센트로 가장 다수이고, 말레이계가 약 13퍼센트로 두 번째이며 인도계가 그 뒤를 잇는다. 경제 성장을 위해 이민자 유입을 장려한 결과, 이외의 민족 역시 그 비율이 조금씩 상승 중이라고 한다.[1]

표 24-1에 나와 있듯이, 중국계의 약 83퍼센트가 중국어 또는 중국어 방언을 가정에서 사용하고, 말레이계의 약 78.4퍼센트가 가정에서는 말레이어로 대화한다. 하지만 이들은 학교나 직장 등 공공 장소에서는 영어를 공용어로 다른 인종과 소통하므로 영어가 자연스러운 일상어로 자리잡

표 24-1 가정에서 가장 자주 사용하는 언어별 5세 이상 거주 인구.[2]

민족/언어	2000년	2015년
중국계	100.0(%)	100.0(%)
영어	23.9	37.4
중국어	45.1	46.1
중국 방언	30.7	16.1
기타 언어	0.4	0.4
말레이계	100.0(%)	100.0(%)
영어	7.9	21.5
말레이어	91.6	78.4
기타 언어	0.5	0.1
인도계	100.0(%)	100.0(%)
영어	35.6	44.3
말레이어	11.6	5.6
타밀어	42.9	37.7
기타 언어	9.9	12.4

은 지 오래이다. 모든 아이들이 어린이집/유치원 및 초등학교 때부터 영어로 교육받는다. 싱가포르에서 태어남과 동시에 둘 이상의 언어에 자연스럽게 노출되는 셈이다. 이에 따라 싱가포르 국민 약 97퍼센트가 영어를 구사할 수 있고, 73퍼센트는 두 가지 언어 즉 중국어와 영어, 말레이어와 영어, 또는 인도어의 하나인 타밀어와 영어를 일상에서 불편함이 없이 사용할 수 있다고 한다.

모든 일상 영역에서 두 언어를 똑같은 수준으로 구사할 수 있는 이중언어 사용자는 지극히 드물다. 집과 학교에서 각각 중국어와 영어를 사용하는 싱가포르 아이라면, 똑같은 부모와의 대화라 할지라도 일상 대화라면 영어보다 중국어를 선호할 것이고 학교 수업에 관한 이야기라면 중국

영어의 아이들

어보다 영어를 더 편하게 느낄 것이다. 영어로 학습한 내용은 같은 언어인 영어로 전달하는 것이 훨씬 자연스럽기 때문이다. 이처럼 대부분의 이중 언어 구사자는 개별 영역에서 선호하고 더 잘할 수 있는 언어가 저마다 다른 것으로 알려져 있다.[3]

특정 분야의 영어라면 문제없다

그렇다면 한국 아이들이 싱가포르 아이들처럼 영어를 잘하게 만들 수는 없을까? 이에 대한 대답은 쉽지 않다. 한국에서 일반적인 교육 과정을 거치는 아이라면, 영어를 사용하는 빈도와 영어에 노출되는 시간이 싱가포르 아이에 비해 현저히 낮을 수밖에 없다. 일상적인 자유 대화에서 영어를 싱가포르 아이만큼 잘하는 것은 여러모로 쉽지 않을 것이다. 그러나 일상 회화를 벗어나 특정 분야에서 요구되는 영어라면 조금 다를 수 있다.

예를 들어 오랜 시간에 걸쳐 체계적으로 꾸준히 훈련한다면 의약 분야에서나, 다른 전문 분야에서의 영어로의 의사소통은 한국 아이들도 싱가포르 아이들보다 더 잘할 수 있고, 또한 대학 등 고등 교육 기관에서 요구하는 학문적 글쓰기 분야 등에서 한국인 학습자가 원어민을 능가하는 것이 가능하다. 영어를 모국어로 하지 않는 내가 학문적(academic) 영어 글쓰기를 싱가포르에서 가르칠 수 있는 것은 그 때문이다.

이 수업을 듣는 학생들의 국적은 실로 다양하다. 영국 출신의 원어민을 포함해, 중국, 베트남, 인도네시아, 인도, 그리고 싱가포르 학생들까지 존재한다. 학문적 영어 글쓰기가 요구하는 자질은 정확한 논지와 근거, 그리고 이를 논리적인 흐름에 따라 배치할 수 있는 능력이다. 이러한 글은 기본적 영어 지식이 뒷받침되는 한 누구든지 학습해 생산할 수 있다. 원어민이라 할지라도 학문적 글쓰기를 따로 배우지 않았다면 논문을 어떻게 써야 할지 막막하게 느낄 수 있으며, 배웠다 하더라도 그 학습 효과가 비원어민에 비해 항상 뛰어나다고 말할 수도 없다.

싱가포르 회사는 다양한 국적의 사람들을 고용한다. 세계 각지에서 몰려든 이들 피고용인 대부분은 각자의 전문 분야에서는 원어민보다 영어를 훨씬 더 잘할 것이다. 즉 일단 직업적인 전문 분야로 들어간다면 공용어로서 영어를 사용해 효과적인 의사 전달을 할 수 있는 한 원어민과 비원어민의 구분은 중요치 않다. 내가 일하고 있는 난양 공과 대학 역시 한국을 포함해 전 세계에서 몰려든 교수진이 대부분이다. 자신의 전공 분야라면 이들 모두는 편하고 자유롭게 원어민보다 훌륭한 영어를 구사한다.

Tips!

일상 생활에서 가족, 친구 등과 소통하기 위한 영어와, 자신의 직업적 전문 분야에서 필요한 영어 사이에는 분명한 간극이 존재합니다. 영어라는 언어의 기본을 갖춘 이후에는 아이가 영어를 잘할 수 있으면 좋겠다는 식의 막연한 목표는 지양할 필요가 있습니다. 그보다는 '(영어권) 대학에서 수학하기 위해 필요한 영어 실력은 어떤 것일까?' 또는 '외국인과 불편함 없이 대화하려면 어떤 능력이 필요할까?'와 같이 구체적인 질문을 가지고 이에 대한 대답을 찾기 위한 노력을 기울여야 할 것입니다.

영어의 아이들

25
코드 스위칭에
어떻게 대처할까요?

두 언어 섞어 쓰기

종종 한국어에 빈번하게 영어 단어를 섞어서 말하는 사람들을 볼 수 있다. 필요한 수준을 넘어서서 과도하게 영어 단어를 섞어 사용하면 듣는 사람이 부담스럽게 받아들일 수 있다. 전달하고자 하는 의미를 표현하는 한국어 단어가 없는 것도 아니고, 화자의 한국어 어휘가 부족한 것도 아니라면 더 그렇다. 제2언어 사용자들도 이런 일을 겪을 정도이니, 이중 언어 화자가 한 발화 내에서 두 언어를 섞어 사용하는 것은 자연스러운 현상이다. 이것을 코드 스위칭(code switching)이라고 한다.[1]

섞어 쓰는 방식도 여러 종류가 있다. 필요한 단어만 골라서 섞어 쓰는 경우도 있고, 문법적인 요소나 구조를 섞어 쓰기도 한다. 그런데 중요한 것은, 이중 언어 화자들이 언어를 섞어 쓰는 양상을 보면 난잡하게 두 언어를 마구 엮어 붙이는 것이 아니라, 두 언어의 문법 규칙에 맞게 일정한 규칙을 따라 섞어 쓴다는 것이다. 예를 들어 코드 스위칭이 일어날 때 섞이는 단위는 자립 형태소가 대부분이며, 특히 명사가 자주 섞이는 편이다. "엄마, 김치랑 밥 I want for supper." "Can I have 밥 and 계란?" 이렇게 말하는 것은 지금도 아이들이 나와 이야기하는 방식이다. 한편 단어를 섞어 쓰는 형태로 한 발화(utterance) 안에서 코드 스위칭이 일어나기도 하지만, 발화 단위로 언어를 바꾸는 코드 스위칭의 형태도 있다.

대부분 이중 언어 화자들은 한 언어가 다른 한 언어에 비해 더 능숙하기 때문에, 부족한 한쪽 언어를 보완하기 위해 코드 스위칭을 하기도 한다. 따라서 코드 스위칭에 대해 '잘난 척'이나 '게을러서' 언어를 대충 사용한다는 선입견을 피하고, 이것이 이중 언어 습득 과정에서 일어나는 자연스러운 현상임을 이해할 필요가 있다. 특히 한쪽 언어를 더 늦게 습득하는 아이에게 학교나 가정에서 코드 스위칭을 못하게 하면, 실수하는 것을 더 두려워하게 되어 이중 언어 습득에 방해 요소가 될 수 있다.

영어로 말할 때, 한국어로 말할 때가 다르다

영어로 말하는 경험을 눈을 감고 상상해 보면 우리도 이 영어의 감이 한국어의 감과 많이 다르다는 것을 기억해 낼 수 있을 것이다. 한국어는 존대법이 매우 발달한 언어이다. 듣는 사람이 누군가에 따라서 말하는 방식과 상대를 부르는 방식이 다 다르다. 예를 들면 한국 아이들은 '나'와 '저'의 구분을 아주 일찍 배운다. 누구에게 '-요'를 붙이는지도 매우 일찍 배운다. 나이가 많다고 무조건 '-요'를 붙이는 것도 아니다. 상황을 보고, 사람을 봐서 아이들은 말을 한다.

　　　　　　　　　　　　　　영어의 아이들

영어는 이에 비해 자유가 많다. 어른과 이야기를 하든, 또래 친구와 이야기를 하든, 말투에 변화가 없다. 영어의 집을 짓기 시작하는 우리 아이들은 뭘 물어봤는데, 답을 잘 모르거나 할 때, 어깨를 으쓱하는 행동을 하기 시작했다. 'ok, yeah, uh'와 같은 응수적인 간투사 표현들도 자주, 그리고 무엇보다 편안하게 사용하기 시작했다. 재미있는 것은 한국어로 말할 때는 아이들이 상대방의 말에, 어른이 되었든 친구들이 되었든 응수를 하지 않았다. 그런데 영어로 말을 할 때는 상대방의 말에 꼬박꼬박 '아하', '으흥' 이런 응수를 하고 대꾸를 하기 시작했다. 혹자가 듣지 않고, 우리 아이들이 영국인들과 응수하는 것만 보면, 아이들이 영어를 유창하게 하는 것처럼 보였다.

첫째가 둘째의 통역관?

나는 우리 아이들의 말을 2년 넘게 비디오 촬영했다. 아침 식사 시간마다 30분씩 비디오 촬영을 했다. 첫째는 유치원에 간 지 3개월 만에 영어가 터지기 시작했다. 당시 큰 아이의 유치원에는 아시아계 아이들이 하나도 없었다. 날마다 유치원에 가서 알아듣지 못하고 고립이 되면 어떻게 하나 약간의 걱정이 있었다. 그러나 그것은 기우였다. 우리 아이는 스스로 영어로 말을 하기 시작했다. 문법과 어휘가 틀린 것도 많았지만, 아이는 아무런 두려움 없이 한 단어, 두 단어를 사용하기 시작했다. 몇 안 되는 단어를 가지고, 선생님, 친구들과 행복하고 의미 있는 의사소통을 하기 시작했다. 물론 당시에도 숙주 언어는 한국어서, 집에 오면 엄마인 나에게 하루의 느낌을 더 깊이 있고 정감 있는 한국어로 쉴 새 없이 쏟아 놓았다.

둘째 아이는 한국어를 못 알아들으시는 할아버지와 나름의 영어로 의사소통을 꽤 많이 시도했다. 이 당시 비디오 중에 재미있는 게 많이 있다. 할아버지와 둘째가 소통을 여러 번 시도하다가 막혔을 때, 둘째 아이는 여러 가지 '영어스러운' 그러나 의미 없는(dummy) 표현들을 만들어서 대화 중간 중간에 넣기 시작했다. 그 모습을 본 큰 아이(5세)는 한국어를 모르는 영국 할아버지와 영어에 서툰 동생의 통역관이 되어 주었다. 비슷한 언어 경험을 가지고 있는 아이들은 그때부터 지금까지 서로의 말을 보살펴 주고, 이해해 주고, 더 자라게 해주는 좋은 친구가 되었다. 다중 언어와 문화 속에 살아가는 일은 결코 쉬운 일이 아니다. 이해와 소통의 장애가 종종 있기도 하다. 이럴 때 가족의 역할은 매우 중요하다. 아이들의 언어 발달에 무엇보다 중요한 것은 편안하며, 사랑해 주고 서로 이해해 주는 가족이다.

영어랑 한국어를 섞어 쓰는 것은 틀린 게 아니에요!

영어랑 한국어를 섞어 쓰는 것은 두 언어를 제대로 잘 배우지 못해서가 결코 아니다. 두 언어를 섞어서 쓰는 것을 코드 스위칭 혹은 트랜스 랭귀징이라고 부르는데, 사실 역사적으로 코드 스위칭은 언어 접촉(language contact)이 있는 곳에서는 어느 때고 일어나는 흔한 것이다. 13~15세기 중세 영시(英詩)는 영어와 프랑스어, 라틴어가 섞여서 쓰였다. 그리고 때때로 코드 스위칭은 사람들이 두 언어 사용 능력을 유지할 수 있도록 도와준다. 미국에서 쓰이는 스페인식 영어인 스팽글리시와 웨일스에서 쓰이는 웨일스식 영어인 웰시잉글리시(Welsh-English)도 이러한 코드 스위칭의 한 예시이다.

　　　　　　　　　　　　　　　　　　영어의 아이들

역설적이게도, 부모가 그들의 '순수한' 계승 언어(heritage language)를 유지하고 지키기 위해 언어를 섞어 쓰는 것을 금지할 때, 종종 그들의 자녀는 오히려 더 빠르게 그들의 언어를 잃는다. 이는 언어 사용에 대한 압박이 아이들로 하여금 자신이 그 언어를 얼마나 제대로 말하는가에 대해서 더 자신이 없게 만들기 때문이다.

아이들은 결코 2개 이상의 언어를 맘대로 섞지도 않고, 두 언어가 능숙하지 못하다는 이유만으로 섞어 쓰지도 않는다. 물론 단어장의 크기가 많이 다르기 때문에, 한국어를 처음 배운 아이들이 영어를 배울 때 한국어 단어를 영어 단어처럼 쓰는 경우도 많이 있다. 우리 둘째 아이가 '마사지(massage)' 대신에 '주물링(jumuling)'이라는 말을 했듯이 말이다. '주무르다'라는 한국어 동사에 '-ing'를 붙여서 "Shall I give you jumiling?"이라는 말을 만들어 낸 것이다.

이것은 틀린 말이 아니다. 창의적인 말이다. 이런 단어 만들기 기간은 길지는 않다. 하지만 어떤 때는 영어로 말하는 중에도 한국어 단어가 꼭 필요한 경우가 있다. 우리가 한국어를 말할 때, 한국어 단어가 있지만 영어 단어가 더 적합하다고 느끼는 경우가 있는 것과 같다. 영어를 쓰면서 한국어 단어를 말하면 표현이 정확해지거나 더 풍부해지는 경우가 있다.

한국어가 모국어인 아이들의 감정 표현은 한국어로 할 때 훨씬 풍부하다. 적어도 아이들의 경우는 그렇다. 한국어는 사람과 사람 사이에 살가운 표현들, 정감 있는 표현들, 어투들이 많이 있다. 영어는 그런 게 별로 없다. 교포들이 서로 영어로 말해도 한국어를 반드시 섞는 부분들이 있다. 영어로 나타낼 수 있는 감성의 레퍼토리가 제한적이기 때문이다.

한국어로 말하는 부분 중에 하나가 호칭어이다. 영어에서야 존댓말과 반말 구분이 없지만, 한국어는 그렇지 않다. 친한 한국계 어른들을 이름으로 부르는 경우는 거의 없다. '삼촌'이나 '이모' 같은 친족어라도 붙이기 마련이다. 한국어의 집이 다 지어지지 않은 상태에서 영어를 들이대면, 아이들의 정서 표현이 제한적이게 되고, 가장 유대적이며 친밀한 관계를 형성하는 데 문제가 생긴다. 마음의 언어를 표현할 기회를 잃게 되고, 그 언어를 공유할 대상이 없게 된다. 두 가지 이상의 언어를 섞어서 자신에게, 자신의 상황에 가장 맞는 언어를 만들어 내는 것은 어른들뿐 아니라 아이들에게도 매우 중요한 일이다. 아이들의 이러한 창조적인 과정을 틀리다고 판단하고, 한 언어만 고집하면, 언어 교육에서 잃어버리는 게 너무 많다.

2개 이상의 언어에 노출이 된 4~9세 아이들이 하나의 언어에 노출이 된 아이들보다 두뇌 발달, 언어와 인지 습득에 빠르다는 연구들이 줄지어 있다. 심지어 나중에 성인이 되어서도 이중 혹은 다중 언어 습득자들이 치매에 걸릴 확률이 하나의 언어만 쓰는 사람들보다 현저히 낮다는 연구도 있다.

Tips!

아이들이 영어를 배우기 시작하면서 한국어와 영어를 섞어 쓰기도 합니다. 이때 두 언어의 혼용을 지적하면 아이의 다중 언어 사용을 위축시킬 수 있어요. 코드 스위칭이 나타나는 것은 아이가 새로운 언어에 익숙해지고 있다는 신호입니다. 그리고 여러 언어를 사용한다는 것은 각 언어의 장점을 모두 활용할 수 있다는 말이기도 해요. 아이가 다중 언어 사용의 장점을 익히고 적극 활용할 수 있게 해주세요.

영어의 아이들

26
한국에서 영어를 배우는
가장 좋은 방법은 무엇일까요?

또래와 영어로 놀기

우리가 제2언어로서의 영어(ESL)가 아닌 외국어로서의 영어(EFL) 환경에 해당한다는 점에서 갖는 한계는 인정해야 한다. 이런 상황에서 아이들에게 제공할 수 있는 최선의 영어 교육 방식은 무엇일까? 어린아이들은 아직 명시적 방법의 학습과는 맞지 않는다. 그들은 세상을 만나고 오감을 이용해 탐색하며 자연스럽게, 즉 암묵적인 방식으로 학습하는 단계에 있다. '영어를 잘해야 유리하다니 열심히 공부해야지.'와 같은 생각은 좀 더 나이가 들어야 하게 된다. 따라서 어린이라는 점을 최대한 이용한다면, 영어를 사용하는 또래와 어울리고 노는 것이 가장 좋기는 하다. 부모의 선택에 따라 영어학원 유치부에 들어간 아이들은 모두 한국인이라 서로 영어로만 의사소통하는 것은 부자연스러운 일이다. 원어민 교사가 있겠지만 수적으로 적고 함께 노는 것이 아니기 때문에 아쉬운 부분이다.

만약 기관의 교육 정책에 따라 아이들이 100퍼센트 영어로만 말하도록 하거나, 이를 어겨 모국어를 사용할 때 (찡그린 표정 스티커를 주는 등) 일종의 벌을 받게 되면 언어 학습 환경이 부정적인 것이고, 모국어에 대한 인식과 정체성마저 해칠 수 있다. 진정한(authentic) 의미에서 영어를 사용하는 또래와 만나고 함께 놀 수 있는 기회가 있다면 최선이므로 지역 사회의 행사, 이웃이나 친척 등 지인 등을 활용해서 기회를 만들면 좋다.

영어 쓰러 가기: 국내 기관, 해외 여행, 캠프

영어가 사용되는 환경에 가능한 한 자주 노출시킬 필요가 있다. 국내에서도 영어 마을이나 외국인이 많은 지역에서 간단한 의사소통 경험은 갖게 될 수 있다. 학원도 아이가 선택에 참여하고 교육 방식을 좋아한다면, 도움이 될 수 있다. 원어민 화자의 비율이 높고, 놀이를 중시하며, 모국어 의사소통도 지원하는 이중 언어 교육 방식을 따르는 기관이라면 적절하다고 본다. 무엇보다도 아이가 좋아하고 잘 적응하는지가 중요하므로 부모의 욕심과 신념만 앞세우지 않아야 한다.

기회가 되면 영어권 국가로의 여행을 추천한다. 영어가 사용되는 환경을 경험하면 일단 영어 학습의 필요성이 인지되고, 학습 동기도 생기게 된다. 여행을 가기 전에 간단한 영어 인사말을 연습해 보는 것은 좋은 전략이다. 비록 국내에서 구할 수 있는 것일지라도 영어 그림책이나 교재, 교구를 구입해서 기념품으로 가져오는 것도 좋다.

여행보다도 더 효과적인 것은 어린이들을 위한 캠프이다. 굳이 '영어 캠프'라고 표현하지 않은 이유는 영어 교육에만 초점을 맞춘 캠프보다, 캠프인데 모든 활동이 영어로 이루어지는 경우가 더 좋기 때문이다. 우리 가족은 아이가 4~5세 때 미국에서 잠깐 지내던 동안 처음으로 캠프를 경험했다. 데이 캠프는 아침에 부모가 데려다 주고 오후에 (점심 또는 3시 정도까지) 다시 가서 데리고 오는 형태이다. 일주일은 음악 캠프, 일주일은 농장 캠프, 2~3주는 일반 학교에서 여는 종합적 방학 캠프, 이런 식으로 참여했다. 영어는 인사말과 중요 단어 정도만 알고 있을 나이였는데, 그럭저럭 잘 적응하고 놀아서 만족도가 매우 높았다.

연구 휴가를 끝내고 돌아오니 한국에서는 그런 캠프를 찾기가 어려웠다. 서울의 비인가 국제학교나 학원에서 방학 때 여는 캠프는 사용하는 '교재'를 홍보하고, '100퍼센트 영어 사용' 원칙을 확고하게 지켜야 하니 협조해 달라고 강조하고 있어 그저 학원식 방학 특강이라는 인상을 지울 수 없었다. 그래서 괌, 호주, 말레이시아, 필리핀 등 미국보다는 가까운 영어권 국가의 캠프들을 검색했다. 어떤 곳은 아이와 생활하기가 불편해 보였고, 어떤 곳은 한국 아이들 위주로 영어와 수학을 집중 교육하는 곳이었다.

가장 만족스러웠던 캠프가 많았던 곳은 싱가포르여서 초등 6년 동안 방학마다 아이를 데리고 다니게 되었다. 캠프 자체의 비용은 국내 방학 특강과 유사했다. 왕복 항공료는 휴가 비용이라 치고 레지던스나 1달 살기 숙소를 검색해 숙박 시설을 예약했다. 한국에서 가져간 식료품으로 직접 취사하며 지낼 수 있어 비용을 절약할 수 있다. 프로그램이 정말 다양하기 때문에 선택이 쉽지 않을 수 있다. 홈페이지에 나온 프로그램 소개와 시간표를 출력해 아이에게 보여 주고 원하는 순서로 고르게 했다.

부모로서는 ESL이나 만다린, 미술 프로그램에 관심이 있었지만, 아이가 고르지 않는다면 전혀 의미 없다. 축구, 농구, 기타 스포츠만 고르더라도 지원해 주라고 하고 싶다. 그 밖에 과학, 요리, 드라마, 로보틱스 프로

그림 26-1 싱가포르 방학 캠프에 참여한 아동들. 데이 캠프는 학교에서 학기 중에 경험하지 못했던 다양한 활동에 참여하며 다양한 문화적 배경의 친구들을 사귈 수 있는 기회가 된다.

영어의 아이들

그램도 다양했다. 아이에 따라서는 마술, 리듬 체조, 경영, 레고, 게임 제작 등에도 관심이 있지 않을까 싶다. 캠프는 영어만 배우러 간다기보다는 뭔가를 배우는 데 영어로 의사소통하는 것이라고 생각하면 좋다. 실제로 아이의 영어 능력 향상에 캠프가 미친 영향은 놀랍도록 컸다. '영어는 공부가 아니고 의사소통이다.'를 확실히 느끼게 한다. 방과 후나 주말에 도서관, 미술관, 박물관, 쇼핑몰, 음식점, 테마파크, 각종 스포츠 시설을 드나들며 현지의 일상과 외국 문화를 체험할 수 있는 것은 덤이었다.

영어 매체 활용하기: 노래, 애니메이션, 드라마, 영화

요즘은 미디어의 형식도 바뀌어 한때 유행하던 영어 비디오나 CD는 화석이 되었다. 유튜브 세대인 아이들은 스마트 기기로 원하는 영상을 찾는 데 달인이다. 그들의 기술 문해력(technology literacy)은 이미 부모 세대가 따라갈 수 없는 정도이니, 그런 상황을 활용해 영어 학습에 도움을 받는 게 현명하다.

스마트 텔레비전이나 넷플릭스, 왓챠 등의 동영상 플랫폼(OTT, Over The Top, 인터넷을 통해 볼 수 있는 텔레비전 서비스)으로 아이들이 직접 고른 만화, 드라마, 영화, 다큐멘터리를 시청하게 하되, 부모가 옆에서 같이 보는 게 최상이다. 아이가 어릴수록 부모가 영상물의 내용에 대해 끊임없이 설명해 주고, 질문과 대답을 하며 민감하게 상호작용을 해야 미디어 활용의 의미가 생긴다. 특히 이러한 플랫폼에서는 미국식 영어뿐 아니라, 영국식, 아시아식 영어도 쉽게 접할 수 있어 트렌드에 맞는 영어 학습으로서 의미가 크다. 일반적인 드라마보다는 아동, 청소년용 시트콤(Disney,

Nickelodeon)을 추천한다. 빠르게 흘려 말하는 것보다는 실내 세트용 연극식 발음이 알아듣기 편하기 때문이다.

뿐만 아니라, 최근 재택 학습이 일반화되면서 일부 플랫폼은 아이들이 시청한 프로그램에 대한 학습지도 제공하고 있어 부모와 자녀가 시청 후에 활용하면 좋다. 대부분의 아이들은 영어 학습 자체에 목표를 둔 어플리케이션이나 영상보다는 재미있고 실제적인 컨텐츠를 좋아하는데, 효과 면에서는 교재에 비해 뒤지지 않는다. 오히려 더 꾸준하게 활용할 수 있는 바탕을 제공할 것이다.

IPTV를 활용할 수 있는 영어 학습 콘텐츠들은 기업 운영자(LG U+tv 아이들나라, KT 올레tv, SK 브로드밴드 btv)가 미리 선정, 계약해서 제공하는 영어 교육 프로그램이다. 아동용 잡지에 기반을 둔 하이라이츠(Highlights), 미국 학교 기반의 출판사 스콜라스틱(Scholastic), 영어 그림책 텍스트를 노래로 만든 노부영 시리즈 등이 특히 추천할 만하다. 다른 프로그램들도 많지만, 국내에서의 유명세에만 의존하기보다는 내용을 꼼꼼하게 보고 개별 아동의 흥미와 적성에 잘 맞는지, 주입식 학습은 아닌지 살펴보아야 한다. 예를 들어 문장 중심의 읽기 교육용 독본보다는 내용이 재미있는 그림책을 바탕으로 만든 영상이 더 적합하다.

물론 지나친 전자 기기 노출은 미디어 중독으로 이어질 수 있다. 실제로 미국 소아과 의사 협회는 2세 이하의 영아가 텔레비전이나 다른 오락 매체에 노출되어서는 안 되며, 2세 이상이라도 양질의 프로그램으로 1~2시간 시청을 권장한다. 따라서 양질의 미디어를 적정 시간 노출하면서 부모와 상호 소통한다면, 이러한 미디어들은 코로나 19의 여파로 방문 교사, 교육센터, 유치원 등 오프라인 교육이 어려운 시기에 좋은 대안이 될 것이다.

영상물에만 지나치게 심취하지 않도록 노래를 듣는 활동도 하면 좋

영어의 아이들

다. 차로 이동할 때 영어 동요를 틀어 줄 수 있다. 영유아기에 영어 동요를 많이 들으면, 모국어뿐 아니라 영어에 대해서도 음운론적 인식이 발달하게 되어 영어 학습에 유리한 상태가 된다.

마지막으로, 요즘은 국내 개발 영어 교재가 워낙 뛰어나 아시아 시장에서 선방하고 있다. 영어 교재와 교구를 같이 제공하며, 온라인/오프라인 영어 교육을 제공하는 업체도 많아졌다. 활동은 뮤지컬, 클럽 활동, 전화영어 수업 등으로 다양한데, 대체로 가입 비용이 고가이다. 코로나 팬데믹 이후 온라인 수업의 요구가 양적, 질적으로 강해진 상황에서 유용한 정보를 활용한다면 (233쪽 참조) 가정에서 자녀와 부모가 함께 학습할 수 있다.

영어책 읽기

영어책을 읽기 수준에 맞춰 꾸준히 읽는 것만으로도 아동의 영어 능력이 계속 향상될 수 있다. 언어 교육 분야의 권위자 스티븐 크라센 교수는 읽기를 통해 쓰기, 문법, 어휘, 독해 등 언어 능력의 모든 요소가 고르게 향상됨을 증명하며, '자발적인 읽기(Free Voluntary Reading)'의 중요성을 강조했다.[1]

영유아를 위한 영어 그림책 준비와 읽어 주기 방법에 대해서는 12장을 참고하면 된다. 아동이 독자로서 그림책 수준을 벗어난다면 이제 챕터북으로 건너갈 차례이다. 챕터북은 그림책과 달리 가끔씩만 삽화가 등장하며 짧은 챕터로 내용이 나뉘어 있어 초등 저학년생들이 읽기에 적합하다. 미스터리, 모험, 요정, 괴짜 학생 등 주제가 다양하기 때문에 남들이 읽는다고 무조건 읽게 하는 것보다는 자녀의 취향에 맞추어 선택한다.

연령이 올라가며 그림책이 아닌 챕터북이나 소설을 읽게 될 때도 부모가 읽어 주는 것은 도움이 된다. 독립적인 독자가 되었다고 해서 읽어 주기를 뚝 끊을 필요는 없다는 뜻이다. 학령기 아이의 책을 같이 읽으면서 대화를 나누면 전반적인 양육에도 큰 도움이 된다. 처음 챕터북을 접할 무렵에 지루함을 줄이고 읽기 속도를 맞추기 위해 녹음 버전(CD 등)을 활용할 수도 있다. 하지만 시간이 조금만 지나도 실제 읽어 주기가 아닌 녹음 버전에는 아이들이 흥미를 잃기 쉽다.

아동의 읽기 수준과 관심에 맞는 다양한 책을 추천받거나 검색하기를 권한다. 물론 영어 서점이나 도서관에서 직접 찾아봐도 좋다. 스콜라스틱 사의 홈페이지에서 부모용 뉴스레터 수신에 가입하면 연령대나 학년별로 독서 지도에 대한 팁을 읽거나 신간, 베스트셀러 등을 추천받을 수 있어 미국 아이들의 독서 경향을 파악할 수 있다. 아마존에 주문한 적이 있다면 해당 독자가 관심을 가질 만한 다른 책들을 놀랍도록 추천해 준다.

어릴 때 가능한 한 다양한 책을 읽어 보는 게 좋지만, 일단 아이에게 좋아하는 장르나 작가가 생기는 건 좋은 신호다. 크라셴 교수의 주장처럼 자발적인 독서가 언어 능력 발달의 핵심이기 때문이다.

Tips!

EFL 환경인 국내에서 영어를 지도하기는 쉽지는 않지만 주어진 환경에서 최선을 다하는 것이 필요합니다. 시설 방문, 캠프 등을 통해 영어가 실제적으로 쓰이는 맥락을 가능한 한 자주 경험하게 해주고 최신 미디어를 통해 좋은 영어 컨텐츠를 활용해 보세요. 영어책만으로도 어느 정도 도움이 됩니다.

영어의 아이들

27

영어 몰입 교육이
영어 학습에 유용할까요?

대학 영어 강의에서 드러난 문제점

교육부의 대학 평가 및 국제화 정책에 따라 많은 국내 대학에서 영어 강의 비율을 높이는 데 집중한 적이 있었다. 유학생 유치와 대학생들의 영어 능력을 높이는 데 도움이 되는 측면이 있지만, 손해도 있었다. 전반적인 수업의 수준이 내려간다는 점이었다. 언어를 매개로 이루어지는 강의에서 영어만을 사용해야 한다는 정책 때문에 의사소통이 원활하게 되지 않아 생긴 문제였다. 교수는 학생들에게 말하고 싶은 내용이 아닌 표현할 수 있는 내용만 말하게 되고, 학생들은 그나마도 다 이해하기 힘들었던 것이다. 특히 질문이나 토론도 원활하게 이루어지기 힘들어 상호작용 수준이 내려가는 것이 가장 큰 문제였다.

대학 전체에서 100퍼센트 영어 강의를 목표로 했던 한 명문대에서는 한국 학생들에게 교양 외국어 강좌인 중국어도 영어로 가르친다고 해 이

슈가 되었다. 대학 교육의 실질적 목표와 효율성보다는 국제화 점수에 더 치중해 벌어진 해프닝이라고 본다. 물론 영어권 국가에서는 중국어를 영어로 지도한다. 영어가 그 교육 환경에서 공인되는 제1언어이고 학생들이 가장 잘 이해할 수 있는 언어이기 때문이다. 이처럼 수업에서 전달 체계인 언어는 의사소통이 첫째 목적이 되어야 한다.

영어 몰입 교육의 쇠퇴

영어 학습자에게 영어만 사용해 교육하는 영어 몰입(immersion) 방식이 한동안 ESL 교육에서 대세였던 적이 있다. 몰입 교육은 듣기와 독해 같은 언어 수용 능력에서 원어민과 같은 수준에 도달할 수 있다는 점, 모국어와 제2언어가 잘 균형 잡힌 이중 언어 사용자가 될 수 있다는 점, 인지 발달에도 도움이 된다는 점에서 ESL 교육 분야에서 크게 각광받아 왔다. 그러나 최근에는 비교적 추상적이고 복잡한 개념들을 전달하기 어렵다는 점, 학습자들이 말하기와 작문에서 원어민 수준에 도달하기 어렵다는 점, 학습자 간 차이가 크다는 점에서 비판이 있었고, 그 선호도가 많이 떨어졌다.[1]

몇 년 전, 서울의 사립 초등학교들이 앞다투어 영어 수업 시수를 늘리던 때에는 영어 몰입 교육을 한다는 학교가 단연 주목을 끌었다. 수학, 사회, 과학 모두 영어로 수업을 한다는 것이었다. 외국에 가지 않아도 자녀에게 이런 수업을 듣게 할 수 있다는 것에 만족하는 학부모들이 있었다. 다만 그 학교에서는 원어민 교사가 영어로 이런 수업을 하고, 같은 내용을 다른 교사가 국어로 다시 진행한다고도 했다. 영어로만 수업을 들으면 한국 아동의 이해도와 수업의 깊이가 낮을 수밖에 없음을 보여 주는 사례이다.

다시 말해, 영어로 이루어지는 수업에 한해서는 영어 몰입 교육이 맞지만, 중복된 수업을 두 번씩 들어야 하는 체계였다. 수업 시수, 즉 학생들의 공부 시간이 크게 늘지 않으면 불가능한 구조여서, 아무래도 모국어로만 이루어지는 수업과 깊이가 같을 수는 없었다. 같은 내용의 수업을 두 언어로 두 번 듣는다면, 복습이 이루어진다든가, 어휘 간 전이(과학 수업 후 영어로 다시 한번 과학 수업을 들은 학생들이 'photosynthesis'가 '광합성'을 의미함을 알게 됨)가 잘 일어나는 데는 도움이 되겠지만, 내용 자체의 반복 때문에 학생들이 지루해 할 수도 있다.

우리나라에서는 특히 영어에 노출되는 경험이 쉽지 않기 때문에 몰입 교육에 대해 더 환상을 갖는 경향이 있다. 또한 교육의 비용이 큰 것도 그런 생각을 강화한다. 학부모로서 학교나 학원에 영어 교육비를 많이 냈는데, 이왕이면 아이가 영어만 접하기를 바라는 것이다. 국내의 국제학교에서도 교실 내 언어 사용 정책을 두고 학교와 학부모들 간에 이런 주제의 실랑이가 벌어지곤 한다.

하지만 모국어와 제2언어가 균형 있게 사용되어 내용 이해와 의사소통 경험이 동시에 이루어지는 방식이 학습에 더 효율적이라는 것이 밝혀져 왔다. 이중 언어 프로그램(dual language program)은 언어 몰입 프로그램(language immersion program)과는 다르게 학생들에게 두 가지 언어로 동시에 교과 수업을 제공한다.[2] 선행 연구에 따르면, 이중 언어 프로그램은 학습자의 모국어와 영어 능력을 동시에 향상시키고,[3] 인지적, 사회적 인지 발달을 강화할 뿐만 아니라,[4] 다른 문화와 언어에 대한 긍정적인 태도도 키워 주는[5] 것으로 나타났다.

예체능 교육과 영어

한편 영어를 매개로 하는 수업은 교과목에 따라 영어 학습 효과가 다를 수 있다. 미국에서 스페인어가 모국어인 10세 ESL 학습자들을 대상으로 연구한 결과, 전통적인 영어 수업을 받은 아동보다 미술 연계 영어 수업(arts-based class)을 받은 아동들이 영어뿐만 아니라 스페인 어에서도 통계적으로 유의한 언어 능력 향상을 보였다.[6] 미술이라는 교과목을 통해 언어 학습도 원활하게 이루어진 것이다.

구소련의 인지 심리학자 레프 비고츠키(Lev Vygotsky)는 아동들이 예술적 사고를 할 때 상상을 통해 언어를 보다 자유롭게 상징적으로 사용할 수 있다고 주장했다.[7] 따라서 미술 연계 영어 수업은 아동이 보다 다양한 방식으로 감정을 표현할 수 있도록 도와주고, 그 결과 아동은 영어와 모국어 모두에서 이점을 얻을 수 있는 것이다.

다음으로, 음악과 체육 분야에서 영어 매개 수업의 효과를 엄격하게 조사한 연구는 드물지만, 신경 인지 과학적 연구와 학습 이론을 통해 그 효과를 유추할 수 있다. 예컨대, 음악은 신경학적으로 스트레스를 줄여 주고,[8] 인지적으로도 집중력과 기억력을 향상하며,[9] 아동들에게 언어 학습을 위한 편안하고 긍정적인 교실 환경을 만들어[10] 줄 수 있다. 체화된 인지 이론(embodied cognition theory)에 따르면, 인간의 인지 과정은 세계와 물리적인 상호작용을 하므로, 신체의 움직임, 즉 감각과 운동 신경의 자극을 통해 학습이 일어난다. 따라서 음악과 체육 과목에서도 영어를 매개로 수업할 경우, 영어 학습에 도움이 될 것이라 예상된다.

예체능 활동에 영어로 참여하면 일단 영어 자체에 대한 부담이 적어서 아이들이 편안해 한다. 처음에는 잘 알아듣지 못해도 눈치껏 따라 하는

영어의 아이들

그림 27-1 4세 아동이 보스턴 문화센터에서 음악, 미술, 체육 활동을 하는 모습. 예체능 활동에 영어로 참여하게 되면 새로운 언어에 대한 부담을 줄이고 활동 자체에 몰입하게 되는 효과가 있다.

모습을 볼 수 있다. 몰입해서 즐겁게 활동하면서도 각 교과에 요구되는 어휘와 표현들을 충분히 경험하게 된다.

STEM(science, technology, engineering, and mathematics)과 같이 지식을 직접적으로 전달하는 과목에서 영어를 매개로 한 교육이 얼마나 효과적인지에 대한 연구들은 현재로서 부족한 상황이다. 특히 아동, EFL 상황, 한국과 관련된 정보는 찾기 어렵다. 앞으로 보다 다양한 분야에서 체계적인 연구가 필요하다.

Tips!

100퍼센트 영어 사용이 절대 최선이 아닙니다. 어린이들이 언어를 습득할 때는 의사소통과 의미 이해가 최선입니다. 아이들에게 교실에서 모국어를 못 쓰게 하는 정책은 정체성과 언어 지위 인식에도 부정적입니다. 영어만 쓰는 환경이 돈 들인 값을 하는 것이라고 생각하지 마세요. 예체능처럼 언어 의존도가 상대적으로 낮은 교과부터 영어로 경험하면 스트레스를 줄이면서 자연스럽게 영어를 습득할 수 있습니다.

영어의 아이들

28
귀국 아동의 영어를
어떻게 유지할까요?

귀국 아동의 영어 소실

요즘에는 어릴 적 영어권 국가에 거주하다가 한국으로 돌아온 아이들, 일명 리터니(returnee)를 주변에서 쉽게 만날 수 있다. 부모의 해외 근무나 유학 기간 동안 외국에서 태어나거나 몇 년 거주한 경우, 또는 아이 본인의 영어 교육이나 학업을 위해 연수, 유학을 갔던 경우이다. 유아 교육기관, 학교, 지역 사회에서 영어를 일상적으로 사용하다가 귀국하는 아이의 부모는 아이가 영어를 잊어버릴까 걱정한다. 한국은 ESL 환경이 아니므로 당연한 걱정이다. 실제로 많은 리터니들의 영어 능력이 낮아진다.

리터니를 대상으로 한 연구들에 따르면, 수용 능력보다 생산 능력이, 즉 영어를 듣거나 읽는 것보다 말하고 쓰는 능력이 더 빨리 소실되고, 어휘 지식이 문법 지식보다 빨리 소실되는 경향이 있다. 그러나 여기에는 함정도 있다. 우선 수용 능력보다 생산 능력의 소실이 더 쉽게 발견되고 측정된다. 또한 언어 능력의 하위 요소들은 서로 밀접하게 엮여 있어 수용 능력의 소실이 생산 능력의 소실을 가속화시킬 가능성이 높다. 게다가 어휘 지식과 문법 지식의 소실이 일대일의 비중으로 똑같다고 볼 수 없기 때문에, 둘 사이의 단순한 양적 비교는 무의미하다. 아무튼 중요한 것은 이들의 영어 능력이 줄어든다는 것이다. 영어에 대한 노출과 사용이 줄어드니 어쩔 수 없는 측면이 크지만, 최대한 손해를 덜 보려면 어떻게 해야 할까?

영어 쓰는 기회 만들기

귀국 아동의 영어 능력 유지를 위해서는 첫째로, 영어로 상호작용할 수 있는 기회가 마련되어야 한다. 이러한 언어 유지 프로그램은 많지 않아 보이므로 개별 가족이 찾아내야 할 가능성이 많다. 흥미롭게도, 부모나 교사보다 아이 자신이 영어 소실을 더 먼저 알아차린다. 따라서 스스로 영어에 대한 자신감을 잃게 되어, 영어 사용이 더 줄어들 수 있다. 영어 연습이 줄어들면서 유창성은 더 떨어지는 것이다. 그러므로 영어 소실이 명백하게 측정되기 훨씬 이전에 영어에 대한 자신감과 유창성이 약간씩 떨어지기 시작할 때부터 원어민 화자들과 일대일로 집중적으로 상호작용할 수 있는 적절한 기회가 주어져야 한다. 한 달에 단 몇 시간이라도 이런 시간을 가지면 영어 능력을 유지하고 소실을 늦추는 데에 큰 도움이 될 것이다.

그리고 부모와 교사가 아동이 본국에 돌아오는 즉시 언어 소실이 시작된다는 것을 아는 것도 매우 중요하다. 제2언어로서의 영어 손실 정도를 과소평가하는 것이 아동의 영어 능력 유지에 부정적인 영향을 미칠 수 있기 때문이다. 아동은 스스로 영어를 활용할 기회를 만들어 내기 어렵기 때

영어의 아이들

문에 성인이 도움을 주어야만 한다.

일단은 귀국 아동이 영어 사용자와 자주 만날 기회를 만들어 줄 필요가 있다. 영어 화자인 이웃과의 모임이나, 영어가 쓰이는 이벤트에 종종 참가하게 되면, 아이는 영어가 여전히 의사소통을 위한 언어이고 자신이 그 언어를 사용할 수 있음을 확인할 수 있다. 가장 좋은 것은 영어를 쓰는 또래들과의 만남을 자주 갖는 것이다.

선생님이 필요하다면

한편 귀국 자녀의 영어 소실을 걱정하는 대부분의 부모들이 학원을 찾는다. 주의할 점은 자녀에게 맞는, 영어 유지에 도움이 될 학원인지를 잘 살피는 것이다. 소위 '한국식' 영어학원에서는 대부분 초등생들을 위해서도 문제 풀이와 단어 암기 위주의 방식으로 영어를 지도한다. 한국의 교육 환경에서 경쟁에 뒤쳐질 수 없다고 이런 학원을 선택한 경우 중에 영어에 대한 흥미마저 완전히 잃어버리는 귀국 아동을 많이 보았다.

그러나 자녀는 계속 성장하므로 어릴 때 구사할 수 있던 영어의 수준을 붙잡고만 있는 것도 의미가 약하다. 연령이 올라가는 만큼 영어도 성장해야 한다. 특히 어휘와 읽기/쓰기 능력은 영어권을 떠나올 때 수준에서 저절로 올라갈 수가 없으므로 추가적인 학습이 필수적이다. 아마도 학교 시험에 나오는 한국식 영어 문법이 가장 문제가 될 가능성이 높은데, 초등학교 5~6학년 이상이라면 쉬운 수준의 문법서로 이미 알고 있던 영어를 다시 살펴보는 것을 권한다. 영어를 듣고 말하는 데 문제가 없던 것과 '수동태', '전치사'라는 용어를 다루는 것은 별개의 문제이기 때문이다.

귀국 아동은 아니지만, 우리 아이도 원어민 선생님의 방문 수업 경험 밖에 없었기에 문법이 좀 걱정된 게 사실이다. 한국에서 출판된 영문법 책(부모가 공부하던 시절과 변화가 거의 없어서 정말 놀랐다.)을 구해서 질문을 해 보니 의외로 개념은 잘 파악하고 있었다. 다만 문법에 대한 한국어식 표현은 낯설 수밖에 없었기에 매주 조금씩 집에서 지도했다.

아빠와 아이가 같이 의논해서 매주 진도와 범위를 정했다. 핵심 문법 개념을 설명해 주고, 예문을 우리말로 해석하게 하며 빠르게 훑었다. 아이 혼자 하는 숙제로 문제를 풀어보게 해 제대로 이해했는지, 어려운 것은 없었는지 확인했다. 이렇게 하면 부담 없는 노력(30~40분씩 주 2~3회)으로 1년 안에 두 번 정도는 문법서를 훑을 수 있다. 한국 중학교 영어 시험 문제를 보면 이런 시도를 안 하기는 어려운 측면이 있다. 한편으로는 문법 체계가 머릿속에 확고하게 자리 잡는 것이 영어 능력 향상에 크게 이바지하는 장점도 있다.

만약 학원 외에 달리 선택이 없다면, 아이와 가장 잘 맞는 학원을 찾는 것이 중요하다. 구체적인 주제에 대해 프로젝트 방식으로 접근하는 곳이나, 수준 높은 픽션/논픽션 서적을 활용해 읽기, 쓰기, 토론 활동을 진행하는 학원이 잘 맞을 가능성이 높다. 즉 영어권 국가의 유아 교육 기관이나 초등학교와 비슷한 교육 과정과 방식을 운영하는 곳을 권한다. 숙제의 성격과 양도 따져 볼 필요가 있다.

무엇보다도 동기의 유지가 가장 중요하므로, 부모 마음에 드는 학원을 찾았다 하더라도 아이에게 이러이러한 방식으로 가르쳐주는 곳인데, 이 학원에서 공부하고 싶은지를 꼭 물어봐야 한다. 주기적인 확인도 필요하다. 아이에 따라 학원보다 일대일 개인 지도가 더 잘 맞는 경우도 있으니 가족들이 함께 의논해 결정하면 될 것이다. 최근 전화나 화상 통화를 이용

영어의 아이들

한 영어 교육도 일반화되었는데, 자녀의 연령과 성향을 고려해 시도해 보면 된다. 무슨 방법이든 아이가 싫다는데 시키는 것은 금물이다.

영어책과 영상 활용하기

귀국 후에 영어로 된 콘텐츠를 계속 섭하는 것은 필수적이다. 가장 중요한 것은 양질의 영어 도서를 계속 읽는 일이다. 모두 사오지 않았더라도 국내에서 구입하거나 대출하는 데에 전혀 어려움이 없으니 관심 분야의 책을 중심으로 손을 놓지 않아야 한다. 읽기만으로도 문법, 어휘, 쓰기까지 엄청난 도움을 받을 수 있다. 즉 읽기 수준을 계속 높여간다면 영어도 꾸준히 늘 수 있다. 따라서 읽기를 좋아하고 꾸준히 읽는 아이라면 사교육 없이도 영어 향상에 문제가 없다고 본다. 서점과 도서관에서 영어 도서를 검색하고 구할 수 있도록 부모가 환경을 제공해 주는 것이 좋다.

책뿐만 아니라, 영화, 만화, 드라마, 노래 등의 영상 콘텐츠를 활용하는 방법도 매우 효율적이다. 자녀가 어리다면 프로그램을 같이 고르고 함께 시청하며 상호작용하는 게 좋다. 귀국 아동이라면 학습용 어플리케이션보다는 이러한 실제적인 미디어가 더 재미있고 도움이 될 것이다. 넷플릭스, 왓챠 등에서 아동, 청소년의 연령에 맞는 프로그램을 시청할 수 있도록 설정해 둔다. 이러한 서비스를 통해 시청자로서 선호하는 유형의 프로그램을 계속 추천받을 수 있다.

온라인으로 연결하기

마지막으로, 최근에는 통신 기술의 발달로 귀국 아동이 이전에 살던 영어권 국가의 친구들과 쉽게 연락할 수 있다. 떠나와서 초반에 연락이 끊기지 않는 것이 중요할 것 같다. 선생님도 당연히 좋지만 친구처럼 연락하기는 어려울 것이다. 예전에 자녀에게 튜터링을 해 줬거나 부모가 외출할 때 돌봐 주었던 동네 언니, 형 등에게 계속 그런 역할을 맡아 주도록 고용(?)을 할 수도 있다. 이메일도 가능하지만, 얼굴을 보며 대화할 수 있는 각종 무료 어플리케이션이 있으니 PC나 태블릿을 활용해 주기적으로 이용할 수 있게 해주면 도움이 될 것이다. 또래의 영어 화자와 실제적인 의사소통을 목적으로 영어를 사용할 수 있는 기회를 갖게 되는 것이기 때문이다.

Tips!
귀국 아동이 지속적으로 영어를 사용하지 않으면 영어 능력이 감소하는 것이 당연합니다. 프로그램과 지인을 활용해서 국내에서도, 그리고 온라인으로 영어를 계속 쓸 수 있는 기회를 만들어 주세요. 영상 컨텐츠와 책을 꾸준히 활용할 필요가 있습니다. 아이에게 맞는 방식으로 한국식 영문법 지도가 필요할 수도 있습니다.

영어의 아이들

29
한국어와 영어,
무엇을 먼저 할까요?

우리말 소리 특성

우리말 집을 잘 지어야 아이들이 영어의 집도 잘 지을 수가 있다. 따라서 아이들이 영어의 집을 짓기 전에 우리말 집을 잘 짓게 돕는 일은 매우 중요하다. 이 둘은 서로 경쟁적인 관계가 아니고 상호 보완적인 관계에 있다. 우리말 집을 잘 지어 주기 위해서는 우리말의 특징에 대한 이해가 꼭 필요하다.

우리말은 어떻게 특징지을 수 있을까? 먼저 우리말의 소리 체계를 살펴보자. 우리말은 어떤 소리 특성이 있을까? 늘 접하니까 뭐라고 단정하기 어려울 수 있다. 이럴 때는 다른 언어와 비교해 보면 유용하다. 영어에는 단어마다 악센트가 있다. 중국어에는 높낮이를 표시해 주는 성조가 있다. (물론, 우리말에도 중세 국어에는 성조가 있었고, 지금도 성조의 흔적이 남아 있는 방언이 있다.) 일본어의 경우는, '모라(mora)'라는 개념으로 설명할 수 있는 박자 혹은 박(拍)의 개념이 있다.

우리말 소리 체계는 어떨까? 가장 먼저 떠오르는 것이 소위 '달, 딸, 탈' 구분과 관련된, 파열음의 삼중 대립이다. 허파에서 나오는 공기를 일단 막았다가 그 막은 자리를 터뜨리면서 내는 소리(ㅂ, ㅃ, ㅍ, ㄷ, ㄸ, ㅌ, ㄱ, ㄲ, ㅋ)인 파열음이 우리말처럼 삼중 대립을 보이는 언어는 태국어 정도로 그리 많지 않다. 특히 영어를 모국어로 하는 화자들이 어려워하는 구분은, '달'과 '탈'의 차이이다. 우리말에 '달'과 같은 평음은 기식(氣息, aspiration, 숨을 쉼, 또는 그런 기운)이 아주 없는 것은 아니지만, '탈'과 같은 유기음에 비해서 기식이 약하다. (기식의 유무를 확인하는 주된 방법은 발음을 할 때, 종이를 입에 대 보는 것이다. 한 번 종이를 앞에 대고 '탈'과 '달'을 발음해 보자. '탈'의 경우, '달'과 달리 종이의 움직임을 분명하게 확인할 수 있을 것이다. 그렇지만 이에 비해서 달의 경우는 종이가 안 움직이는 것은 아니고, 약간 움직이는 것을 알 수 있다.)

영어의 소리 목록과 비교해서, [l]이나 [r] 같은 유음 혹은 마찰음의 종류가 적은 것도 우리말 소리의 한 가지 특징이라고 할 수 있다. 유음이란 혀끝을 잇몸에 가볍게 댔다 떼거나, 잇몸에 댄 채 공기를 그 양옆으로 흘려보내면서 내는 소리로 국어의 자음 'ㄹ' 등이다. 마찰음이란 입 안이나 목청 등 조음 기관이 좁혀진 사이로 공기가 비집고 나오면서 마찰해 나는 소리로, 'ㅅ', 'ㅆ', 'ㅎ'가 있다. 한국어를 처음 접하는 영국 학생들에게 한국어가 어떻게 들리는지 물어보았다. 우리가 영어를 들을 때, '쉬알라 쉬알라'처럼 들리는데, 한국어는 어떻게 들리느냐고 하니까 대부분 콧소리(비음)를 내며, 전화받을 때와 같은 억양을 보였다. 이와 같은 관찰에는 근거가 있다. 우리말 자음 중에서 가장 많이 쓰이는 것은 비음에 해당하는 [n] 소리이다.

여러 가지 자음이 한꺼번에 단어 처음에 나오지 못하는 것도 영어와

영어의 아이들

비교해서, 한국어의 특징이라고 할 수 있겠다. (이 역시 중세 국어에서는 가능했다.) 때문에 영어 단어가 한국어로 유입되는 과정에서, 본의 아니게 음절 수가 늘어나는 경우가 있다. 예를 들면 'strike'는 영어에서는 1음절어로 간주되지만, 우리말에서는 '스트라이크'라는 5음절어가 되는 것이다.

구조와 어휘의 특성

흔히 한국어는 어순이 자유롭다고 한다. '지나가 수미를 때렸어.'라고 할 수도 있고, '수미를 지나가 때렸어.'라고 할 수도 있다. 두 경우에, 중심적인 의미, 즉 누가 누구를 때렸는지에 대한 의미는 같다. 어순이 자유로운데도 불구하고, 문법적인 관계를 알 수 있는 것은, '-가', '-를'과 같은 조사가 있기 때문이다.

물론 아이들이 말을 배울 때, 문장 단위의 구조를 만들어 내기 시작할 때, 조사가 처음부터 등장하는 것은 아니다. 이를 보면, 비단 조사가 있기 때문에 어순이 자유로울 수 있다고 말하는 것은 약간 무리가 있다. 상대적으로 자유롭기는 하지만, 그렇다고 아무 어순이나 무질서하게 등장하는 것은 아니다. 우리말은 대개 주어, 목적어, 동사의 어순을 따른다. 우리말은 언어 유형론(여러 다른 언어의 비교를 통해 자연 언어의 개별성과 보편성을 밝히는 연구 분야)적인 측면에서 동사가 대체적으로 문장의 제일 마지막에 나타나는 언어이다. 그렇다고 주어나 목적어가 꼭 나타나는 것은 아니다. 어느 때는, 주어와 목적어 혹은 이를 실현시키는 격조사를 보지 못할 때도 있다.

WALS(The World Atlas of Language Structures)[1]라는 매우 훌륭한 언어 자료집이 온라인상에 있다. 독일 막스 플랑크 연구소(Max Planck Institute for Evolutionary Anthropology)에서 55명의 전문가로 구성된 팀이 세계 언어들의 음운, 문법, 어휘 구조를 정리해 놓은 아주 큰 데이터베이스이다. 이 WALS 지도를 보면, 세계의 언어 가운데는 동사가 목적어보다 선행하는 언어와 그렇지 않은 언어가 대체로 고르게 존재하는 것을 볼 수 있다.

영어와 비교해서, 흔히들 한국어, 일본어, 중국어를 담화 중심 (discourse-prominent) 언어라고도 한다. 언어학자들은 '생략'이란 표현을 쓰는데, 어떤 것이 생략되었다는 것은 원래 거기에 어떤 형태가 있었음을 가정하는 것이기 때문에 의심의 여지가 있다. 주어나 목적어도 그렇고, 말하는 문맥에서 뭘 이야기하는지 뻔한 것에 대해서는 군이 말을 해 드러내지 않는 우리말의 특성을 설명할 때, 보이지 않고 본 적 없는 표현들이 언젠가 있다가 소리 없이 사라졌다는 가정이 과연 옳은지 검증해 볼 필요가 있다.

우리말 문맥의 중요성

우리말의 많은 표현들, 다양한 문법 범주들은, 그 의미와 기능을 문맥을 통해 유추해야 하는 경우가 허다하다. 예를 들면 내포문은 종종 시제가 없는 형태로 실현되는데, 이 구체화되지 않은 시제는 전체 맥락의 시제를 알아야만 구체화할 수 있다. 내포문이란 하나의 문장 안에 주어와 서술어의 관계가 두 번 이상 이루어지며 성분 절을 가진 문장을 말한다. '어제 동생이 사온 우유가 상했다.'에서 '어제 동생이 사온'이 안긴문장이고, 이를 포함하는 전체의 문장이 안은문장이다. 일본어도 마찬가지이다. 주어라는 개념 역시, 비슷한 이유로 실제 대화에서는 군이 영어처럼 꼬박꼬박 밝히지 않는다. 문맥에서 무엇인지가 분명하면, 군이 밝히지 않는다는 이 기

영어의 아이들

능적인 법칙이 우리말의 실현에 구석구석 적용되지 않는 곳이 없다. 사실, 우리말에서 주어보다도 더 친근하며 익숙한 개념은, 주제(topic)인데, 주로 '-은'이나 '-는'과 같은 보조사로 실현되는 개념이다.

문맥과 담화를 중요시하는 우리말에서 특히 발달한 것은, 다양한 서법(mood)이나 양태(modality), 또는 존대법 등의 실현이다. '아 다르고 어 다르다.'라는 속담이 이 부분을 가장 잘 포착하는 말이 아닐까 한다. 서법이란 문장의 내용에 대한 화자의 심적 태도를 나타내는 동사의 어형 변화로서, 듣는 사람에 대한 화자의 심리적인 태도가 어떠한지를 표현하는 수단이다. 평서법, 의문법, 감탄법, 명령법 등을 통해서 전달, 요구, 질문, 희망 사항 등을 표현하는 데 사용된다. 인도·유럽 어족에서는 직설법, 명령법, 가정법, 국어에서는 평서법, 의문법, 감탄법, 명령법, 청유법을 인정한다. 이에 반해서 발화 내용과 현실의 관계에 대해 화자의 주관적 태도를 나타내는 범주인 양태는 명제 자체에 대한 화자의 심리적인 태도를 표현하는 수단이다. 예를 들면 '해가 뜬다.'는 단정적인 양태성이며, '해가 뜨겠다.'는 가능성을 확인하는 양태성이다.

쉽게 말해 영어에서는 듣는 사람이 누구인지 상관없이 'you'로 통하고, 같은 동사를 사용한다. 그런데 한국어에서는, 듣는 사람과 말하는 사람과의 사이에 관계가 정리되지 않으면, 말을 끝맺는 것이 여간 어렵지 않다. 대부분의 이런 서법이나 양태에 관한 정보들은, 동사 뒤에 나오는 여러 가지 어미들을 통해 문장이나 발화의 말미에 실현되기 때문이다. 한국 사람들 간에도 종종 이 관계 설정을 잘못해서 실례를 범하는 경우도 많다.

언어를 유형론적으로 구분할 때, 우리말은 구조적으로는 일본어와 아주 비슷하다는 특징이 있다. 반대로, 어휘 면에서는 중국 한자의 영향을 많이 받았는데, 국립 국어원이 발행한 표준 국어 대사전에 등재된 어휘의 약 57퍼센트가 한자로 구성되어 있다. 물론, 이 경향성은 최근에 특히 구어에서 많이 변하고 있다. 한자 대신 영어에서 유래한 신어들이 우리말의 어휘장을 점차 채워가고 있다.

인간의 언어에 관심이 있는 사람들이라면, 누구나 한 번씩 하게 되는 질문이 있다. 이 세상의 모든 언어는 한 언어에서 나왔을까? 만일 그렇다면 그 언어는 어떤 모습의 언어였을까? 모두 자신이 어디에서 왔는지 그 '뿌리'에 관심이 있다. 마찬가지로 사람들은 언어의 뿌리에 관심이 있다.

이 문제에 대한 답을 얻기는 그리 쉽지 않다. 특히나 우리말은 더 그렇다. 가장 큰 이유는 자료가 너무 없기 때문이다. 우리말과 일본어의 계통에 대해서 많은 학자들이 연구를 하지만, 언어학자 알렉산더 보빈(Alexander Vovin)에 따르면 중세 국어와 비슷한 시기의 일본어를 비교하자 같은 뿌리에서 나왔을 법한 단어가 고작 11개밖에 되지 않는다고 한다. 이 11개도 100퍼센트 신빙성 있는 단어는 아니다.

Tips!

기본적인 언어의 틀, 우리말 집이 잘 지어져야 영어 등 다른 언어의 집 역시 잘 지을 수 있습니다. 한국어의 특징을 아는 것은 영어 학습과 직접적인 관련이 없어 보일지 모릅니다. 하지만 한국어에 대해 아는 만큼 한국어와 영어 사이에 어떠한 차이가 있는지를 알기 쉽지요. 즉 한국어와는 다른 영어의 특징을 이해하는 데도 도움이 됩니다.

30
한국어와 영어,
무엇이 더 중요할까요?

콩글리시는 우리의 소프트 파워

옥스퍼드 영어 사전의 에디터를 만나서 콩글리시 단어인 스킨십(skin-ship)의 의미에 대해서 이야기한 적이 있다. 일본에서 만들어져서 한국에서 널리 쓰이고, 이제 세계적으로 유명세를 타게 된 이 단어가 영어 단어로서의 시민권을 갖게 될 날이 멀지 않았다. 이뿐 아니라, 여러 다른 콩글리시 단어들이 물망에 오르고 있다. 파이팅(fighting)은 잘못된 콩글리시 단어로 거의 찍힌 단어이다. 많은 사람들이 이 단어가 콩글리시인 사실 역시 안다. 그렇다고 해서 안 쓰지는 않는다. 그런데 이 단어가 한류, 특히 한국 스포츠의 붐을 타고 세계인들에게 소개가 되기 시작하더니, 이제는 공공연히 영어 매체에서 우리가 의도한 의미로 쓰이고 있다. 틀린 단어라고 배운 이 단어 역시 사전에 기재될 확률이 높아졌다.

옥스퍼드 영어 사전이 처음 만들어지던 1884년에 초대 편집장을 맡

왔던 제임스 머리(James Murray) 박사는 전 세계 식민지에서 들어온 새로운 단어들을 모두 영어 단어로 인정해 주어야 할지 말아야 할지 고민했다. 이 고민은 이후의 모든 편집장들이 안고 있었던 고민이기도 하다. 옥스퍼드 영어 사전의 경우는 이 고민과 결정이 약간 까다롭지만, 대체로 여러 문화에서 온 단어들이 영어 속에 자리를 잡고 영어 단어로 성장하는 데 별다른 큰 걸림돌은 없다.

　이 관대함이 콩글리시 단어를 비롯해서 영미권 이외에서 만들어진 타영어 단어들에는 적용되지 않는 경우가 많았다. 서울 주재 영국 문화원에서 콩글리시에 대한 비디오를 올린 것을 보았는데, '셀카'는 잘못된 단어, 즉 콩글리시이고, '셀피'가 올바른 영어 단어라고 설명했다. 사실 셀피 역시 영미권에서 만들어진 것은 아니다. 이 단어는 호주산이다. 이에 반해 셀프(self)와 카메라를 섞어 만든 셀카는 한국산이라고 할 수 있다. 같이 영어를 쓰는 마당에 호주산은 옳고 한국산은 틀리다는 말은 잘못되었다고 생각한다.

　앞에서 언급했던 '휴대 전화'도 마찬가지이다. 우리는 그것을 핸드폰이라고 하지만, 영국 사람들은 모바일이라고 한다. 미국 사람들은 셀폰이라고 한다. 영미권 사람들이 그렇게 쓰지 않으니 한국에서 핸드폰을 모바일이나 셀폰이라고 말해야 한다는 주장은 옳지 않다.

　영어가 세계어로 자리 잡으려면 독선적인 태도를 버리고, 다양한 영어에 대한 인정이 무엇보다 우선되어야 한다. 아마 스킨십을 비롯한 콩글리시 단어들에 대한 옥스퍼드 영어 사전의 수용적 태도 역시 이런 노력의 일환일 것이다. 영국 사람들은 새로운 단어를 만드는 데 우리보다 느리다. 있는 단어를 잘 쓰는 게 중요하다고 생각한다. 그런데 한국 사람들은 새로운 단어를 참 신나게도 만드는 것 같다.

　　　　　　　　　　　　　　　　　영어의 아이들

한국의 슈퍼마켓이나 쇼핑몰에 가면 대부분 상표와 이름이 한국제 영어 단어로 쓰여졌다. 이 단어들도 전통적인 영어의 잣대로 보자면 대부분 잘못된 영어 투성이이다. 예를 들어 화장품 종류의 명칭은 영어로 되어 있지만, 실제로 영미권에서는 쓰지 않는 단어이다. 그런데 요즘 한국 화장품이 세계적으로 인기를 누리면서 세계인들이 이 한국 화장품의 종류명을 배워가고 있다. BB크림은 독일의 피부과 의사가 처음 소개했지만, 화장품과 그 이름이 세계적으로 널리 알려지게 된 것은 한국 화장품 회사를 통해서이다.

영어가 한국에 본격적으로 정착한 지 120년 가까이 된 오늘날, 이러한 단어들은 우리 삶의 구석구석에서 태어나고 성장하고 더불어 살아가고 있다. 색안경을 끼고, 잘못된 단어라는 족쇄를 씌우지 말고, 이 단어들이 실정과 필요 그리고 구미에 맞는 우리 단어들이자 소프트 파워임을 인식해야 할 때다.

Tips!

모국어인 한국어는 아이들 언어의 뼈대를 이루며, 영어만 할 줄 아는 아이보다 한국어와 영어 두 가지를 할 줄 아는 아이의 단어장이 더 큽니다. 그만큼 더 풍부한 표현이 가능하지요. 또한 잘못된 영어라고 인식되던 콩글리시가 도리어 영어권 국가에서도 쓰이기도 해요. 영어가 국제어라는 이유로 한국어보다 더 중요하다는 인상을 아이에게 심어 주게 된다면, 아이들은 영어에 치중해 정작 한국어의 무궁무진한 가능성을 활용하지 못할 수 있습니다.

원문 출처

1 영어는 일찍 배울수록 좋을까요?

1 A child's mind is not a vessel to be filled but a fire to be kindled(Lt-Col Henry Stuart Townend).

2 Nature makes the boy toward; nurture sees him forward.

2 영어를 왜 배워야 한다고 말해 줄까요?

1 Eberhard, D. M., Gary F. Simons, and Charles D. Fennig (eds.). (2020). *Ethnologue: Languages of the World.* Twenty-third edition. Dallas, Texas: SIL International. Online version: http://www.ethnologue.com.

2 Mechelli, A., Crinion, J. T., Noppeney, U., O'Doherty, J., Ashburner, J., Frackowiak, R. S., & Price, C. J. (2004). Structural plasticity in the bilingual brain: Proficiency in a second language and age at acquisition affect grey-matter density. *Nature*, 431(7010), 757.

3 영어를 잘 못한다는 말이 왜 위험할까요?

1 출처: 서울대학교 아동언어인지연구실 최나야 교수 연구팀.

2 출처: 서울대학교 아동언어인지연구실 최나야 교수 연구팀.

3 출처: 서울대학교 아동언어인지연구실 최나야 교수 연구팀.

6 발음을 얼마나 잘해야 할까요?

1 Jennifer Jenkins, Which pronunciation norms and models for English as an International Language?, *ELT Journal*, Volume 52, Issue 2, April 1998, Pages 119－126, https://doi.org/10.1093/elt/52.2.119/.

2 Smith, L., & Nelson, C. L. (2009). World Englishes and Issues of Intelligibility. In B. B. Kachru, Y. Kachru, & C. L. Nelson (Eds.), *The Handbook of World Englishes* (pp. 430-446). West Sussex, UK: Wiley-Blackwell.

7 파닉스, 효과가 있을까요?

1 Here's how to properly pronounce Kamala Harris: https://www.youtube.com/watch?v=XYkZkpLQUS0/.

2 Low, E.L. (2015). *Pronunciation for English as an International Language: From Research to Practice* (PP. 250). London: Routledge.

8 영어 읽기와 쓰기는 어떻게 해야 하나요?

1 Swales, J. (1990). *Genre analysis: English in academic and research settings*. Cambridge University Press. Cambridge: Cambridge University Press.

10 단어를 어떻게 배워야 할까요?

1 Hulstijn, J. H. (1992). Retention of inferred and given word meanings: experiments in incidental learning. In P. J. L. Arnaud, & H. Béjoint (Eds.), *Vocabulary and applied linguistics* (pp. 113-125). Macmillan.

2 Laufer, B., & Rozovski-Roiblat, B. (2011). Incidental vocabulary acquisition: The

effects of task type, word occurrence and their combination. *Language Teaching Research*, 15(4), 391-411.

3 Schmitt, N. (1997). Vocabulary learning strategies. In N. Schmitt & M. McCarthy (Ed.), *Vocabulary: Description, acquisition, and pedagogy* (pp. 199-227). Cambridge: Cambridge University Press.

4 Park, You-Me. (2019). English Vocabulary Knowledge and Vocabulary Learning Strategies of Korean Elementary School Students. *Primary English Education*, 25(1), 95-121.

11 엄마표 영어를 어떻게 가르칠까요?

1 권은영. (2019). 소셜 빅데이터 분석을 통해 알아본 대중의 '조기영어교육'에 관한 인식: 유튜브를 중심으로.《영어학》, 19(4), 858-879.

2 용세현, 이성희. (2018). 유아기 자녀의 영어교육에 대한 어머니들의 경 험.《한국콘텐츠학회논문지》, 18(12), 14-24.

3 이정아. (2015). 유아기 자녀를 둔 어머니의 조기교육에 대한 인식연구.《사고개발》, 11(1), 131-153.

4 최나야, 박유미, 최지수. (2020). 기관 내외 교육과 어머니의 영어교육 신념이 유아의 영어 흥미에 미치는 영향: 일반유치원과 영어학원 유치부의 비교. *Family and Environment Research*, 58(4), 585-599.; 황근희, 최나야(2017). 유아 영어교육에 대한 어머니의 신념이 일반유아교육기관 또는 영어몰입교육기관에 다니는 유아의 영어 학습 태도에 미치는 영향.《유아교육·보육복지연구》21(1), 189-211.

5 강승지, 이연선. (2018). 우리나라 유아 영어교육에 대한 사회적 인식 연구: 빅데이터와 사회연결망 분석을 중심으로.《미래유아교육학회지》, 25(2), 141-168.

6 전홍주. (2011). "유아 영어교육"에 관한 담론 분석: 신문 매체를 중심으로.《유아교육연구》, 31(1), 351-376.

4 양선아. (2018.9.18.). '엄마표…'가 경쟁 부추겨 육아 전쟁 악순환.《한겨레》. http://www.hani.co.kr/arti/society/society_general/862659.html 에서 2020년 11월 11일 인출.

12 영어 그림책, 어떻게 읽어 줄까요?

1 Birketveit, A. (2015). Picture books in EFL: vehicles of visual and verbal literacy. *Nordic Journal of Modern Language Methodology*, 3(1), 1-27.

2 Fleta, T. (2019). Picturebooks: an effective tool to encourage children's English L2 oral production. TEANGA, *the Journal of the Irish Association for Applied Linguistics*, 10, 243-261.

3 Mourão, S. (2016). Picturebooks in the Primary EFL Classroom: Authentic Literature for an Authentic Response. *CLELE Journal*, 4(1), 25-43.

4 Wang, H. & Lin, M-F. (2019). Linking reading and writing with picture books: A literacy buddy approach in rural Taiwan. *TESOL journal*, 10(3), 1-15.

5 Briketveit, A. & Rimmereide, H. E. (2017). Using authentic picture books and illustrated books to improve L2 writing among 11-year olds. *The Language Learning Journal*, 45(1), 100-116.

6 Yang, P-L. (2019). Investigating the Impact of English Picture Books on EFL Learners' Anxiety in Taiwan. *Humanities and Social Science Letters*, 7(2), 56-63.

7 이명신, 김명순. (2011). 제1 언어 습득에서 유아의 영어 문해 능력에 영향을 미치는 변인 연구: 그림책 읽기에서 어머니의 언어적 행동을 중심으로.《아동학회지》, 32(6). 157-185.

8 김정이. (2015). 유아 영어 그림책의 흥미 요인에 관한 연구.《조형미디어학》, 18(4), 71-81. 227-1

9 Choi, N., Kang, S., Cho, H. J., & Sheo, J (2020). Children's interest in learning English through picture books in an EFL Context: The effects of parent–child interaction and digital pen use. *Education Sciences*, 10, 40.

15 영국 영어가 가장 좋을까요?

1 Rampton, M. B. H. (1990). Displacing the 'native speaker': Expertise, affiliation, and inheritance. *ELT Journal* 44(2), 97-101.

2 Ahn, H. (2017). *Attitudes to World Englishes: Implications for teaching English in South Korea.*

Abingdon: Routledge.

3 Jenkins, J. (2015). *Global Englishes: A resource book for students* (3 ed.). Abingdon: Routledge.

4 자료 제공: Jenkins' Global Englishes (2015: 3-4).

5 자료 제공: Mc Arthur's Circle of World English (1988: 97).

6 McArthur, T. (1998). *The English langauges.* Cambridge: Cambridge University Press.

7 Kachru, B. B., Yamuna, K., & Nelson, C. L. (Eds.). (2006). *The handbook of World Englishes.* Oxford: Wiley-Blackwell.

8 Hughes, A., & Trudgill, P. (1979). *English accetns and dialects.* London: Arnold.

9 Trudgill, P. (1984). *Language in the British Isles.* Cambridge: Cambridge University Press.

10 Strevens, P. (1985). 'Standards and the standard language'. *English Today*, 1(2), 5-8.

11 Trudgill, P., & Hannah, J. (2008). *International English* (5th ed.). London: Arnold.

16   영어는 정말 정복의 대상일까요?

1 Song, J. (2011). English as an official language in South Korea: Global English or social malady? *Language Problems & Language Planning* 35(1), 35-55.

2 Graddol, D. (2006). *English next: Why global English may mean the end of English as a foreign language.* London: British Council.

3 Graddol 1999, p. 157.

4 Jenkins, J. (2018). The future of English as a lingua franca? In J. Jenkins, W. Baker, & M. Dewey (Eds.), *The Routledge handbook of English as a lingua franca* (pp. 594-605). New York: Routledge.

17   영어 울렁증에 어떻게 대처할까요?

1 Park, J. S. Y. (2009). *The local construction of a global language: Ideologies of English in South Korea.* Berlin: Walter de Gruyter.

2 Crystal, D. (2003). *English as a global Language* (2nd ed.). Cambridge, UK: Cambridge

University Press.

3 Crystal, D. (2008). Two thousand million. *English Today* 24(1), 3-6.

4 Graddol, D. (2000). *The future of English*. London: British Council.

5 Timelines. (2020). In Oxford Online Dictionary. Retrieved from https://www.oed.com/.

19 콩글리시, 고쳐야 할까요?

1 https://trends.google.com/trends/explore?q=hand%20phone,mobile%20phone,cell%20phone/.

21 창의적인 영어란 무엇일까요?

1 If you talk to a man in a language he understands, that goes to his head. If you talk to him in his language, that goes to his heart.

24 우리 아이들이 싱가포르 아이들처럼 영어를 할 수 있을까요?

1 The Singapore of Department of statistics. (2016, March). General household survey 2015. https://www.singstat.gov.

2 싱가포르 통계청, 2016년 일반 가구 조사.

3 Hoffmann, C. (2014). *Introduction to bilingualism*. Routledge.

25 코드 스위칭에 어떻게 대처할까요?

1 Belazi, H. M., Rubin, E. J., & Toribio, A. J. (1994). Code Switching and X-Bar Theory: The Functional Head Constraint. *Linguistic Inquiry*, 25(2), 221-237.

26 한국에서 영어를 배우는 가장 좋은 방법은?

1 Krashen, S. D. (2013). 크라센의 읽기 혁명(The Power of Reading). 조경숙 옮김. 르네상스.

1 Fortune, T. W. (2012). What the research says about immersion. In Asia Society (Ed.), Chinese language learning in the early grades: A handbook of resources and best practices for Mandarin immersion (pp. 9-13). Retrieved from http://asiasociety. org/education/chineselanguage- initiatives/chinese-language-learning-early-grades.

2 Christian, D. (2008). School-based programs for heritage language learners: Two-way immersion. In D. M. Brinton & O. Kagan (Eds.), *Heritage Language Acquisition: A New Field Emerging.* Mahwah, N.J.: Lawrence Erlbaum.

3 August, D., & Shanahan, T. (2006). Developing literacy in second language learners: Report of the National Literacy Panel on Language Minority Children and Youth. Mahwah, NJ: Lawrence Erlbaum Publishers & Center for Applied Linguistics.

4 Cummins, J. (1995). Canadian French immersion programs: A comparison with Swedish immersion programs in Finland. In M. Buss & C. Lauren (Eds.) *Language immersion:Teaching and second language acquisition. From Canada to Europe.* (pp. 7-20). Tutkimusia No. 192. Vaasa: University of Vaasa.

5 Block, N. (2011). The impact of two-way dual-immersion programs on initially English-dominant Latino students' attitudes. *Bilingual Research Journal*, 34, 125-141.

6 Spina, S. U. (2006). Worlds together ⋯ Words apart: An empirical assessment of the effectiveness of arts-based curriculum for second language learners. *Journal of Latinos and Education*, 5(2). 9-122.

7 Ives, W., & Pond, J. (1980). The arts and cognitive development. *The High School Journal*, 63(5), 335-340.

8 Jensen, E. (2001). Arts with the brain in mind. Alexandria, VA: Association for Supervision and Curriculum Development.

9 Bayless, K. M., and M. E. Ramsey. (1991). *Music: A way of life for the young child.* 4th ed. Upper Saddle River, NJ: Prentice-Hall.

10 Paquette, K. R., & Rieg, S. A. (2008). Using music to support the literacy

development of young English language learners. *Early Childhood Education Journal伊*, 36(3), 227-232.

29 한국어와 영어, 무엇을 먼저 할까요?

29-1 http://wals.info/.

참고 문헌

강승지, 이연선. (2018). 우리나라 유아 영어교육에 대한 사회적 인식 연구: 빅데이터와 사회연결망 분석을 중심으로.《미래유아교육학회지》, 25(2), 141-168.

권은영. (2019). 소셜 빅데이터 분석을 통해 알아본 대중의 '조기영어교육'에 관한 인식: 유튜브를 중심으로.《영어학》, 19(4), 858-879.

김정이. (2015). 유아 영어 그림책의 흥미 요인에 관한 연구.《조형미디어학》, 18(4), 71-81.

양선아. (2018.9.18.). '엄마표…'가 경쟁 부추겨 육아 전쟁 악순환.《한겨레》. http://www.hani.co.kr/arti/society/society_general/862659.html에서 2020년 11월 11일 인출.

용세현, 이성희. (2018). 유아기 자녀의 영어교육에 대한 어머니들의 경험.《한국콘텐츠학회논문지》, 18(12), 14-24.

이정아. (2015). 유아기 자녀를 둔 어머니의 조기교육에 대한 인식연구.《사고개발》, 11(1), 131-153.

이명신, 김명순. (2011). 제1 언어 습득에서 유아의 영어 문해 능력에 영향을 미치는 변인 연구: 그림책 읽기에서 어머니의 언어적 행동을 중심으로.《아동학회지》, 32(6). 157-185.

전홍주. (2011). "유아 영어교육"에 관한 담론 분석: 신문 매체를 중심으로.《유아교육연구》,

31(1), 351-376.

조지은, & 송지은. (2019).『언어의 아이들』. 서울: 사이언스북스.

최나야, 박유미, 최지수. (2020). 기관 내외 교육과 어머니의 영어교육 신념이 유아의 영어 흥미에 미치는 영향: 일반유치원과 영어학원 유치부의 비교. *Family and Environment Research*, 58(4), 585-599.

황근희, 최나야. (2017). 유아 영어교육에 대한 어머니의 신념이 일반유아교육기관 또는 영어몰입교육기관에 다니는 유아의 영어 학습 태도에 미치는 영향.《유아교육·보육복지연구》21(1), 189-211.

Adesope, O. O., Lavin, T., Thompson, T. & C. Ungerleider (2010). Systematic Review and Meta-Analysis on the Cognitive Benefits of Bilingualism. *Review of Educational Research*, 80(2), 207-245.

Ahn, H. (2017). Attitudes to *World Englishes: Implications for teaching English in South Korea*. Abingdon: Routledge.

Auer, Peter (ed.). (1998). *Code-switching in conversation: Language, Interaction, and Identity*. London: Routledge.

August, D., & Shanahan, T. (2006). *Developing literacy in second language learners: Report of the National Literacy Panel on Language Minority Children and Youth*. Mahwah, NJ: Lawrence Erlbaum Publishers & Center for Applied Linguistics.

Bayless, K. M., and M. E. Ramsey. (1991). *Music: A way of life for the young child*. 4th ed. Upper Saddle River, NJ: Prentice-Hall.

Belazi, H. M., Rubin, E. J., & Toribio, A. J. (1994). Code Switching and X-Bar Theory: The Functional Head Constraint. *Linguistic Inquiry*, 25(2), 221-237.

Birdsong, D.(1992). Ultimate Attainment in Second Language Acquisition, *Language*, 68(4), 706-755.; DeKeyser. (2000). The Robustness of Critical Period Effects in Second Language Acquisition, *SSLA*, 22, 499-533.

Birketveit, A. (2015). Picture books in EFL; vehicles of visual and verbal literacy. *Nordic Journal of Modern Language Methodology*, 3(1), 1-27.

Briketveit, A. & Rimmereide, H. E. (2017). Using authentic picture books and

영어의 아이들

illustrated books to improve L2 writing among 11-year-olds. *The Language Learning Journal*, 45(1), 100-116.

Block, N. (2011). The impact of two-way dual-immersion programs on initially English-dominant Latino students' attitudes. *Bilingual Research Journal*, 34, 125-141.

Choi, Y., & Mazuka, R. (2009). Acquisition of prosody in Korean. In C. Lee, Y. Kim, & G. Simpson (Eds.), *Handbook of East Asian psycholinguistics, Part III: Korean psycholinguistics*. London: Cambridge University Press.

Choi, N., Kang, S., Cho, H. J., & Sheo, J (2020). Children's interest in learning English through picture books in an EFL Context: The effects of parent-child interaction and digital pen use. *Education Sciences*, 10, 40.

Clumeck, H.(1980). The Acquisition of Tone. In G. H. Yeni-Komshian, J. F. Kavanagh, & C. A. Ferguson(Eds), *Child Phonology* 1: Production, 257-275, New York, NY: Academic Press.; Vihman, M. M. (1996). *Phonological development: The origins of language in the child*. Cambridge, MA: Blackwell.

Craik, F. I., Bialystok, E. & Freedman M. (2010). Delaying the onset of Alzheimer disease: bilingualism as a form of cognitive reserve. *Neurology* 75 (19), 1726-1729.

Crystal, D. (2003). *English as a global Language* (2nd ed.). Cambridge, UK: Cambridge University Press.

Crystal, D. (2008). Two thousand million. *English Today*, 24(1), 3-6.

Eberhard, David M., Gary F. Simons, and Charles D. Fennig (eds.). (2020). *Ethnologue: Languages of the World*. Twenty-third edition. Dallas, Texas: SIL International. Online version: http://www.ethnologue.com

English language. (2020, Dec 6). In Wikipedia. https://en.wikipedia.org/wiki/English_language.

Firth, A. (2009). The lingua franca factor. *Intercultural Pragmatics*, 6(2), 147-170.

Fleta, T. (2019). Picturebooks: an effective tool to encourage children's English L2 oral production. TEANGA, *the Journal of the Irish Association for Applied Linguistics*, 10,

243-261.

Fortune, T. W. (2012). What the research says about immersion. In Asia Society (Ed.), Chinese language learning in the early grades: A handbook of resources and best practices for Mandarin immersion (pp. 9-13). Retrieved from http://asiasociety. org/education/chinese-language-initiatives/chinese-language-learning-early-grades/.

Graddol, D. (1999). The decline of the native speaker. In D. Graddol & U. Meinhof (Eds.), *English in a changing world* (pp. 57-68). Oxford: Oxford University Press.

Graddol, D. (2000). *The future of English*. London: British Council.

Graddol, D. (2006). *English next: Why global English may mean the end of English as a foreign language.* London: British Council.

Hakuta, K., Bialystok, E. & Wiley, E. (2003). Critical Evidence A Test of the Critical-Period Hypothesis for Second-Language Acquisition. *Psychological Science*, 14(1):31-8.

Hoffmann, C. (2014). *Introduction to bilingualism*. Oxfordshire: Routledge.

Hughes, A., & Trudgill, P. (1979). *English accetns and dialects*. London: Arnold.

Hulstijn, J. H. (1992). Retention of inferred and given word meanings: experiments in incidental learning. In P. J. L. Arnaud, & H. Béjoint (Eds.), *Vocabulary and applied linguistics* (pp. 113-125). Macmillan.

Ives, W., & Pond, J. (1980). The arts and cognitive development. *The High School Journal*, 63(5), 335-340.

Jenkins, J. (2015). *Global Englishes: A resource book for students* (3ed.). Abingdon: Routledge.

Jenkins, J. (2018). The future of English as a lingua franca? In J. Jenkins, W. Baker, & M. Dewey (Eds.), *The Routledge handbook of English as a lingua franca* (pp. 594-605). New York: Routledge.

Jennifer Jenkins, Which pronunciation norms and models for English as an International Language?, *ELT Journal*, Volume 52, Issue 2, April 1998, Pages 119-126.

Jensen, E. (2001). *Arts with the brain in mind*. Alexandria, VA: Association for Supervision and Curriculum Development.

Kachru, B. B., Yamuna, K., & Nelson, C. L. (Eds.). (2006). *The handbook of World Englishes*. Oxford: Wiley-Blackwell.

Klein, D., Mok, K., Chen, J., & Watkins, K.E. (2014). Age of language learning shapes brain structure: A cortical thickness study of bilingual and monolingual individuals. *Brain and Language*, 131, 20-24.

Krashen, S. D. (2013). 『크라센의 읽기 혁명(*The Power of Reading*)』. 조경숙 옮김. 르네상스.

Laufer, B., & Rozovski-Roiblat, B. (2011). Incidental vocabulary acquisition: The effects of task type, word occurrence and their combination. *Language Teaching Research*, 15(4), 391-411.

Li, C. N., & Thompson, S. A. (1977). The acquisition of tone in Mandarin-speaking children. *Journal of Child Language*, 4(2), 185-199.

McArthur, T. (1998). *The English langauges*. Cambridge: Cambridge University Press.

Mechelli, A., Crinion, J. T., Noppeney, U., O'Doherty, J., Ashburner, J., Frackowiak, R. S., & Price, C. J. (2004). Structural plasticity in the bilingual brain: Proficiency in a second language and age at acquisition affect grey-matter density. *Nature*, 431(7010), 757.

Mourão, S. (2016). Picturebooks in the Primary EFL Classroom: Authentic Literature for an Authentic Response. *CLELE Journal*, 4(1), 25-43.

Ota, 2016.

Paquette, K. R., & Rieg, S. A. (2008). Using music to support the literacy development of young English language learners. *Early Childhood Education Journal*, 36(3), 227-232.

Park, J. S. Y. (2009). *The local construction of a global language: Ideologies of English in South Korea*. Berlin: Walter de Gruyter.

Park, You-Me. (2019). English Vocabulary Knowledge and Vocabulary Learning

Strategies of Korean Elementary School Students. *Primary English Education*, 25(1), 95-121.

Pica, R. (2013). *Experiences in movement and music: Birth to age eight.* 5th ed. Boston: Cengage Learning.

Rampton, M. B. H. (1990). Displacing the 'native speaker': Expertise, affiliation, and inheritance. *ELT Journal*, 44(2), 97-101.

Schendel, Herbert. (1997). To London From Kent/Sunt predia depopulantes: code-switching and medieval England macaronic poems. *VIEWS* 2/2.

Schmitt, N. (1997). Vocabulary learning strategies. In N. Schmitt & M. McCarthy (Ed.), *Vocabulary: Description, acquisition, and pedagogy* (pp. 199-227). Cambridge: Cambridge University Press.

Shin, J. K. (2017). Get up and sing! Get up and move! Using songs and movement with young learners of English. *English Teaching Forum*, 55(2), 14-25.

Smith, L., & Nelson, C. L. (2009). World Englishes and Issues of Intelligibility. In B. B. Kachru, Y. Kachru, & C. L. Nelson (Eds.), T*he handbook of World Englishes* (pp. 430-446). West Sussex: Wiley-Blackwell.

Song, J. (2011). English as an official language in South Korea: Global English or social malady? *Language Problems & Language Planning*, 35(1), 35-55.

Spina, S. U. (2006). Worlds together ⋯ Words apart: An empirical assessment of the effectiveness of arts-based curriculum for second language learners. *Journal of Latinos and Education*, 5(2), 9-122.

Strevens, P. (1985). Standards and the standard language. English Today, 1(2), 5-8.

Swales, J. (1990). *Genre analysis: English in academic and research settings.* Cambridge: University Press.

The Singapore of Department of statistics. (2016, March). General household survey 2015. https://www.singstat.gov.sg/.

Timelines. (2020). In Oxford Online Dictionary. Retrieved from https://www.oed.com.remotexs.ntu.edu.sg/timelines.

영어의 아이들

Trudgill, P. (1984). *Language in the British Isles*. Cambridge: Cambridge University Press.

Trudgill, P., & Hannah, J. (2008). *International English* (5th ed.). London: Arnold.

Yang, P-L. (2019). Investigating the Impact of English Picture Books on EFL Learners' Anxiety in Taiwan. *Humanities and Social Science Letters*, 7(2), 56–63. doi: https://doi.org/10.18488/journal.73.2019.72.56.63.

Yoshitomi, A. (1999). On the loss of English as a second language by Japanese returnee children. In Hansen, L. (Eds.) *Second language attrition in Japanese contexts* (pp.80–101). Oxford University Press.

Wang, H. & Lin, M-F. (2019). Linking reading and writing with picture books: A literacy buddy approach in rural Taiwan. *TESOL journal*, 10(3), 1–15.

W3Techs. (n.d.) Usage statistics of content languages for websites. Retrieved Dec 16, 2020, from https://w3techs.com/technologies/overview/content_language/.

Xiao, (2006). Heritage Learners in the Chinese Language Classroom: Home Background. *Heritage Language Journal* 4.1. http://international.ucla.edu

Zentella, A. C. (1997). *Growing Up Bilingual: Puerto Rican Children in New York*. Oxford: Blackwell.

http://inthenews.co.kr/article-41583/.

http://www.bbc.co.uk/voices/yourvoice/rpandbbc.shtml#:~:text=Received%20Pronunciation%2C%20often%20abbreviated%20to,educated%20speakers%20and%20formal%20speech/.

http://www.englishegg.co.kr.

http://www.sisajournal-e.com/news/articleView.html?idxno=225674.

https://m.skbroadband.com/product/tv/Btvkids3.do.

https://product.kt.com/wDic/productDetail.do?ItemCode=1243.

https://trends.google.com/trends/explore?q=hand%20phone,mobile%20phone,cell%20phone.

https://wfclub.co.kr/index/.

https://www.badanamukids.co.kr/.

https://www.british-study.com/en/importance-of-english-language/.

https://www.oxford-royale.com/articles/reasons-learn-english/#aId=82dd4b0b-
8882-46f1-96dc-fd756feccedc/.

https://www.yna.co.kr/view/AKR20180105130500033.

https://www.worldfamilyenglish.co.kr/.

더 읽을거리

- 온라인 영어 사전

케임브리지 영어 사전: https://dictionary.cambridge.org/dictionary/.

콜린스 영어 사전: https://www.collinsdictionary.com/.

Google 검색 엔진: https://www.google.com/. (검색 단어 다음에 'meaning' 또는는
　'definition'을 넣어서 같이 검색하세요.)

인터넷 영어 사전: https://www.dictionary.com/.

옥스퍼드 영어 사전: https://www.oed.com/.

- 온라인 학습과 영어 학습을 동시에 할 수 있는 사이트

Scholastic's Learns at home, free daily projects: https://classroommagazines.scholastic.
　com/support/learnathome.html/.

Free art class, Lunch doodles by Mo Willems: https://www.kennedy-center.org/
　education/mo-willems/?fbclid=IwAR0yB6RjPA0Rap1AyXRdWptXQQAUW
　DQUo7sbQVh5WCDKBwPHinf9V3plKgA/.

Puppet shows and workshops, Center for Puppetry Arts: https://puppet.org/.

PreK: Eric Carle Printables and Activities: https://www.readbrightly.com/eric-carle-printables-activities/?ref=PRH1848A03772&aid=randohouseinc3208-20&linkid=PRH1848A03772&fbclid=IwAR3_jb_dohZzGSw7OWflUvbPSbL2cW8KfM55opo6WKWf6cHo7nXJLElNpwo/.

Storytelling, Imagineering: https://www.khanacademy.org/humanities/hass-storytelling/imagineering-in-a-box?CMP=ILC-DPFY19Q4wo0808190814190031F/.

Educational shows in Netflix: https://homeschoolhideout.com/educational-shows-on-netflix/?fbclid=IwAR3mnLofnte6oABHkj7B-cija49k3xWpGsEVrLnEFsFyTlYtclLWxc6fFZc/.

Education games, Breakout EDU: https://www.breakoutedu.com/funathome/.

Printable worksheets, ed-helper.com: https://www.edhelper.com/teacher-education/Daily-Free-Learning-Workbooks-for-Teachers-to-Share-with-Parents-while-Schools-are-Closed-Kids-will-actually-do-these.htm/.

Writing and coding interactive stories - Elementari: https://www.elementari.io/.

Hogwarts virtual escape room: https://docs.google.com/forms/d/e/1FAIpQLSflNxNM0jzbZJjUqOcXkwhGTfii4CM_CA3kCxImbY8c3AABEA/viewform?fbclid=IwAR0PUfZ7JJNIM7GCb0K1uIbhbQfk7WgFlxLafNybL4geJYo39BeI9ugfCJ0&fbzx=6927488934285004900.

Virtual author storytime Christian Heidicker: https://www.youtube.com/user/xianheidicker/featured/.

Storytime from space: https://storytimefromspace.com/.

33 Kid-friendly podcasts: https://www.podchaser.com/lists/33-kid-friendly-edutainment-podcasts-to-stay-sharp-107a4S3u2i?fbclid=IwAR1_PWTekos5OMUpmdZWcyofGc2hYDYLVwpc2qN2HoxcGccacBaTehF9BMI/.

Virtual tour of 12 museums: https://www.travelandleisure.com/attractions/museums-galleries/museums-with-virtual-tours?utm_medium=social&utm_term=59F3F59E-653B-11EA-938E-3D9296E8478F&utm_source=facebook.

com&utm_campaign=travelandleisure_travelandleisure&utm_
content=link&fbclid=IwAR10V_gc6S9N0UjWPGpgJpFRDU4uO2ECHSsQ
AeDQ5WxoqNs_ibEYfxL2qPY/.

20 Virtual field trips: https://adventuresinfamilyhood.com/20-virtual-field-trips-to-
take-with-your-kids.html?fbclid=IwAR1dBLC2DmCtKbKGi_m7C59OHVs8
Rcm19EUFoV2Ee4mYAc5S9WzWofd1rYg.

30 virtual field trips: https://docs.google.com/document/d/1SvIdgTx9djKO6SjyvPDs
oGlkgE3iExmi3qh2KRRku_w/preview?fbclid=IwAR1B9xs3JnknYYvgiDJTv-
jez3_uis3X5zF6FSerIv3n1xup-M-vA2NFqJM&pru=AAABcQ3STf4*eM6eG1
EDKnA9_O-oyB7svA.

Online music education games: https://cornerstoneconfessions.com/2012/08/the-
ultimate-list-of-online-music.html.

Schoolhouserock episodes: https://m.youtube.com/user/SchoolhouseRockTV1/.

Math, Funbrain: https://www.funbrain.com/.

Social studies, crash course (youtube): https://www.youtube.com/user/crashcourse/.

Social studies, Who was? App/site: http://www.whowasbookseries.com/.

Social studies, National Geographic Kids: https://kids.nationalgeographic.com/.

Social Studies, Smithsonian for Kids: https://www.si.edu/kids/.

Science, STEAM powered family: https://www.steampoweredfamily.com/.

Science, Discovery Mindblown: https://www.discoverymindblown.com/.

Science, NASA Kids Club: https://www.nasa.gov/kidsclub/index.html.

Free science videos, MysteryScience: https://mysteryscience.com/school-closure-
planning/.

• 유아에게 추천하는 알파벳북

Alphabet City, Stephen T. Johnson.

Alphabet Animals: A Slide-and-Peek Adventure, Suse MacDonald.

Alphabet Ice Cream, Nick Sharratt.

Alphabetics, Suse MacDonald.

Chicka Chicka Boom Boom, Bill Martin, Jr.

Eating the Alphabet, Lois Ehlert.

I Spy: An Alphabe in Art, Lucy Micklethwait.

Me! Me! ABC, Harriet Ziefert & Ingri Von Bergen.

Museum ABC, The Metropolitan Museum of Art.

On Market Street, Anita Lobel & Arnold Lobel.

The Accidental Zuccini: An Unexected Alphabet, Max Grover.

The Most Amazing Hide-and-Seek Alphabet Book, Robert Crowther.

*Tomorrow's Alphabe*t, George Shannon & Donald Crews.

Z is for Moose, Kelly Bingham & Paul O. Zelinsky.

Zoopa: An Animal Alphabet, Gianna Marino.

도판 저작권

- 그림 2-1, 그림 11-1(촬영 박유미), 그림 12-1, 그림 12-2, 그림 26-1, 그림 27-1: 최나야,
- 그림 4-1, 그림 4-2, 그림 7-1, 그림 7-2, 그림 8-1, 그림 8-2, 그림 13-2(오른쪽): 안혜정,
- 그림 13-1, 그림 13-2(왼쪽), 그림 14-1: 조지은

찾아보기

영어의 아이들

언어학자의 아동 영어 교육 30문답

1판 1쇄 찍음 2021년 9월 1일
1판 1쇄 펴냄 2021년 9월 17일

지은이   조지은, 안혜정, 최나야
펴낸이   박상준
펴낸곳   (주)사이언스북스

출판등록 1997. 3. 24.(제16-1444호)
(06027) 서울특별시 강남구 도산대로1길 62
대표전화 515-2000, 팩시밀리 515-2007
편집부 517-4263, 팩시밀리 514-2329
www.sciencebooks.co.kr

ISBN 979-11-91187-28-1 03700